Unbeschwert den Urlaub genießen mit

Erleben

Frankreich-Mobil-Erleben

Reise-Ratgeber für Urlauber mit
Wohnmobil- & Caravan

◆

Die informative Ergänzung zu den
Stellplatz-, Camping- und
Reiseführern Frankreichs

◆

Gute Reise
Bon voyage

Liebe Leserinnen, lieber Leser,
Vorschriften, Gesetze und Gegebenheiten ändern sich. Um aktuell zu bleiben, haben wir nun die 3. aktualisierte Ausgabe veröffentlicht. Wir freuen uns weiterhin auf Ihre Meinung. Bitte schreiben Sie uns, wenn Sie Berichtigungen und Ergänzungsvorschläge haben. Auch für Lob und Kritik sind wir dankbar.
Die Informationen aus diesem Buch dazu viele weitere interessante und aktuelle Themen und Nachrichten finden Sie auf unserer Webseite: *www.Frankreich-Mobil-Erleben.de*

E-Mail*: info@frankreich-mobil-erleben.de*

In Frankreich ist Ihr

Wohnmobil ein **Camping-car**

und

Wohnwagen ein **Caravane**

Bienvenue en France

Der kompakte Ratgeber Frankreich-Mobil-Erleben ist kein Stellplatz-, Camping- oder Reiseführer, sondern eine sinnvolle Ergänzung zu all den zahlreichen und ausführlichen Führern, in denen oft wichtige und teils nützliche Informationen für den mobilen Urlauber fehlen.

Die Vorfreude auf die Frankreich-Reise und die Erwartung auf Neues und Unbekanntes wird oft gedämpft durch viele Fragen:

- Was erwartet mich?
- Wohin soll die Reise gehen?
- Welche Regeln sind zu beachten?
- Gibt es andere Verkehrsvorschriften, speziell für Wohnmobil & Caravan?
- Darf mein Hund an den Strand?
- Wie ist das mit den Stell- und Campingplätzen?
- Was ist beim Einkaufen und im Restaurant zu beachten?
- Was tun im Notfall?

All diese Fragen und mehr beantwortet Ihnen Frankreich-Mobil-Erleben und widerlegt so manche Vorurteile.

Wir wünschen Ihnen eine gute Reise und angenehmen Aufenthalt in einem der schönsten Länder Europas und hoffen, dass Sie entspannt und erholt zurückkehren.

Bibliografische Information der Deutschen Nationalbibliothek:
Die Deutsche Nationalbibliothek verzeichnet diese Publikation in der Deutschen Nationalbibliografie; detaillierte bibliografische Daten sind im Internet über http://dnb.dnb.de abrufbar.

3. Auflage (aktualisiert)
Frankreich-Mobil-Erleben.de

Autor: Claus Schöttle
Illustration: Claus Schöttle

Web: Frankreich-Mobil-Erleben.de
Mail: Info@Frankreich-Mobil-Erleben.de

Herstellung und Verlag:
BoD – Books on Demand, Norderstedt

ISBN: 9 783759 721501

Kapitel-Übersicht

1 Frankreich   **7**
Über Land & Leute, Vorurteile,

2 Reisevorbereitung   **13**

3 Einreise & Wissenswertes   **17**
Einreisebestimmungen, Notruf, ärztliche u.v.m.

4 Die Regionen und Departements   **27**

5 Reiseziele-Entscheidungshilfe und Gefahren   **41**
Alpen oder Pyrenäen, Wintersport,
Atlantik oder Mittelmeer, Gefahren am Meer

6 Rund um den Verkehr   **55**
Verkehrsregeln, Tempolimits, Bußgelder, Tanken, Maut,
Umweltplakette, Besonderheiten für Mobile über 3.5 t

7 Ver- und Entsorgung   **81**
Die Entsorgungs-Stationen, Gas, Wasser und Strom

8 Wohnmobil-Stellplatz-Informationen   **87**
Die unterschiedlichen Arten und Alternativen.
Anleitung zu den verschiedenen Zugangssystemen

9 Campingplatz-Informationen   **107**

10 Freizeit-Aktivitäten   **103**
Radfahren, Wandern, Fußfischen und mehr

11 Einkaufen   **123**

12 Im Restaurant   **130**

13 Spezialitäten   **135**

14 Wussten Sie, dass...   **156**
Kurioses und Fettnäpfchen

15 Ratschläge & Tipps   **159**

Register   **161**

Kapitel-Übersicht

Oben: Paris   Mitte: Le Mont-Saint-Michel   Unten: Étretat

[1] Frankreich

Übersicht

Einleitung   **7**

Nationalsymbole   **9**

Vorurteile
Die Franzosen sind unfreundlich   **10**
Frankreich ist teuer   **11**
Frankreich ist unsicher   **11**

Einleitung

Nicht umsonst ist Frankreich, eines der größten Länder in Europa und weltweit mit den höchsten Touristenzahlen das beliebteste Reiseziel. Die gesamte Artenvielfalt von Fauna und Flora sind hier vereint. Egal, welche Naturlandschaft bevorzugt wird, in Frankreich sind sie alle je nach Region zu finden. Dazu die Kulturgüter, all die kulinarischen Köstlichkeiten und die Lebensart, kurz: «L'Art de Vivre».
Und mobile Urlauber können sich auf über 9.000 offizielle Wohnmobil-Stellplätze und knapp 10.000 Campingplätze freuen.

Frankreich ist nicht nur Paris

[1] Frankreich

Die Küste

Die über 5.500 km abwechslungsreiche Küste mit langen, feinsandigen Stränden, traumhaften Buchten oder schroffen Klippen erwarten den Urlauber am Mittelmeer oder Atlantik. Hinzu kommen noch über 50 Inseln, wovon die größten und beliebtesten Ferieninseln neben Korsika und L'Île d'Hyères im Mittelmeer, die L'Île d'Oléron, L'Île de Ré, L'Île de Noirmoutier und La Belle-Île im Atlantik sind.

Mit Hotelanlagen zugebauten Küstenstreifen, wie an der spanischen Mittelmeerküste, sind an der Atlantikküste, bis auf wenige Ausnahmen nicht zu erwarten. Nach der Bausünde von Saint-Nazaire wurde die gesamte Küste unter Naturschutz gestellt. Hotelanlagen, Hochhäuser und Prachtboulevards sind lediglich in größeren Städten zu finden. Dafür zieren schmucke Ortschaften vor dem Dünengürtel, kleine Feriendörfer und Campingplätze die Küstenlandschaft.

Die Berge

Auch Bergliebhaber haben die Qual der Wahl. Egal, ob das Zentralmassiv mit seiner Vulkanlandschaft, die Seealpen mit dem 4.810 m hohen Mont Blanc, im Osten oder die bis 3.400 m hohen Pyrenäen im Westen mit ihren Nationalparks. Jeder wird fündig, zum Wandern, Skilaufen, Mountainbiken oder Entspannen.

Das Inland

Paris ist mit Sicherheit eine Reise wert. Wer aber das historische Périgord (Dordogne), die lavendelblühende Provence, das Tal der Loire mit seinen Schlössern oder das geschichtsreiche Burgund kennengelernt hat, wird mit Sicherheit wiederkommen.

Die Kultur

Auf Kulturliebhaber warten im gesamten geschichtsreichen Frankreich unzählige historische Städte und Orte, Kirchen und Klöster, Burgen und Schlösser, die erkundet werden wollen.

8

Die Nationalsymbole

Die Trikolore

ist Blau-Weiß-Rot und seit 1830 die offizielle Nationalflagge. Es wird vermutet, dass die Flagge auf die Stadtfarben von Paris zurückgeht.

Die Marianne

ist die Nationalfigur der Französischen Republik. Ihr Kopf schmückt Briefmarken, Münzen, Steuermarken und andere Gegenstände.

Die Büsten der Marianne findet man in allen französischen Rathäusern und sie wird nach Real-vorlagen einer realen berühmten Französin nach einigen Jahren ausgetauscht.

Mythen ranken sich um den Ursprung der Figur und des Namens «Marianne», die 1792 von der Französischen Republik zum nationalen Symbol erklärt wurde und später im Jahre 1879 als Büste in die französischen Rathäuser einzog und das Bild des abgesetzten Kaisers Napoleon III ersetzte. Zum einen wird vermutet, dass ihr Name von dem im 18. Jahrhundert weit verbreiteten Vornamen Marie-Anne stammt. Andere Thesen sagen aus, dass man mit diesem Symbol der Französischen Revolution der damals einflussreichen katholischen Kirche „eins auswischen" wollte. Statt der sittsamen Marie der Katholiken, gab es jetzt eine mit weit geöffneter Korsettage und der roten, freiheitssymbolisierenden Jakobinermütze, eine fast namensgleiche Marianne (von Marie-Anne) – welch ein Frevel.

Der Gallische Hahn

ist ein typisches Symbol für Frankreich, aber kein offizielles Nationalsymbol. Der Hahn symbolisiert den französischen Volkscharakter: kämpferisch, stolz und selbstbewusst.

In der Französischen Revolution zierte er die Heeresfahnen, und der anschließende Versuch Napoleons, den sehr beliebten Gallier-Hahn durch einen Adler zu ersetzen, blieb erfolglos.

9

Vorurteile

gibt es immer. Viele werden gestreut, sobald jemand eine schlechte Erfahrung gemacht hat, die aber meist auf sein eigenes Verhalten oder Unwissen zurückzuführen sind. Andere Länder, andere Sitten, so auch in Frankreich.

Die Franzosen sind unfreundlich

Die Franzosen sind eine nationalbewusste und stolze Bevölkerung, die ihre Sprache, das Französisch, ehren.

Parlez-vous français? Einige Brocken Französisch, besonders die Begrüßungsformeln sollten Sie beherrschen. Wechseln Sie dann, mangels der Sprachkenntnisse ins Englisch, wird Ihnen freundlich, auch mit «Händen und Füßen» weitergeholfen. Wer jedoch die Ansprache direkt in Deutsch oder Englisch beginnt, hat zu 99% verloren. Viele Franzosen, vor allem die jüngeren, verstehen und beherrschen die englische Sprache, weigern sich aber, diese zu sprechen.

Höflichkeit wird großgeschrieben; das werden Sie abseits der Innenstädte auch daran merken, dass Sie beim Radfahren oder Spazierengehen von Groß und Klein immer freundlich gegrüßt werden.

Hilfsbereitschaft können Sie von einem Franzosen fast immer erwarten. Schon manche haben die Erfahrung gemacht, dass eigene Landsleute in kleinen und großen Notsituationen gaffend danebenstanden, während Franzosen hilfsbereit mit anpackten.

Frankreich ist ein sehr kinderfreundliches Land. Familien mit Kindern werden auch in Restaurants immer freundlich empfangen und erhalten nicht den Katzentisch in der hinteren Ecke.

Und auch der Hund geht auch nicht leer aus. Nicht nur in Lokalen wird ihm Wasser angeboten, vor Geschäften steht oft ein Wassernapf mit der Aufschrift «Toutou Bar».

Frankreich ist teuer

Teuer ist relativ, je nachdem was man konsumiert und wo man sich aufhält. Wer an der Côte d'Azur am Boulevard sitzt, zahlt sicherlich mehr, als der Urlauber in einem Küstenort in der Bretagne.

Bier und alkoholische Getränke sind außer Wein etwas teurer als in Deutschland, ebenso Eis und Süßigkeiten; Tabakwaren sind erheblich teurer. Grundnahrungsmittel sind, wenn man von deutschen Discounter-Angeboten absieht, fast preisgleich oder minimal teurer, haben aber unseres Erachtens eine weitaus bessere Qualität.

Stell- und Campingplätze sind im «Camperland» Frankreich preisgünstig. Selbst in der Hochsaison gibt es Campingplätze am Meer unter 20 € je Tag.

Die Restaurants bieten ein ausgezeichnetes Preis-Leistungs-Verhältnis und in der Regel ist das Essen preiswerter als in Deutschland. (Siehe Restaurantbesuch)

Frankreich ist unsicher

Themen, die von der ausländischen Presse gerne ausschlachtet werden und mit reißerischen Bildern leider oft nur das Negative zeigt.

- *Überfälle auf Wohnmobile*
  auf Autobahn-Rastplätzen stehen während der Hauptreisezeit in jedem Land gleichermaßen auf der Tagesordnung. Interessanterweise wird aber nur von Überfällen im Ausland und selten, ausgenommen von regionalen Medien, von Vorfällen im Inland berichtet. Beachten Sie den Ratschlag auf Seite 74.
- *Gewalt bei Protesten & Demos*
  Überall auf der Welt werden Demos etc. von Radikalen für ihre Ausschreitungen missbraucht, so auch in Frankreich. Sie konzentrieren sich aber fast ausschließlich auf Paris und vereinzelt auf andere Großstädte. Auf dem Land und in Kleinstädten ist von diesen Ausschreitungen nichts zu spüren.
- *Streiks*
  Frankreich ist nicht nur für seine Solidarität, auch für seine Streiks bekannt. Egal, ob es durch den Streik kein Treibstoff gibt oder die Straßen von Bauern blockiert werden, nur ein sehr kleiner Teil der Bevölkerung regt sich darüber auf, der Großteil zeigt Verständnis und nimmt es gelassen.

[1] Frankreich

Île d'Oléron (Oben)   Port Biganos (Mitte)   Île-de-Ré (unten)

[2] Reisevorbereitung

Die Reiseplanung gehört zur Vorfreude auf den Urlaub. Reise- und Campingführer werden gewälzt und im Internet wird auf Webseiten, Blogs und in Social-Media-Kanälen nach Informationen gesucht.

«Alte Hasen» wissen wie es läuft, und kennen oft ihr Reiseziel. Für diejenigen, welche zum ersten Mal mit Wohnmobil oder Caravan nach Frankreich reisen soll dieses Kapitel eine Planungshilfe sein.

Fragen vor Planungsbeginn

Unterwegs mit Wohnmobil oder Caravan?

Ob die Reise mit Wohnmobil oder Caravan unternommen wird, unterscheidet sich eigentlich nur bei der Auswahl des Übernachtungsortes bzw. Stellplatzes. Caravan-Reisende müssen, bis auf sehr wenige Ausnahmen einen der fast 10.000 Campingplätze anfahren, wogegen Wohnmobile neben den Campingplätzen auch über 8.000 Wohnmobil-Stellplätze und weitere ca. 20.000 Tag & Nacht Parkplätze in Frankreich nutzen können.

Stationärer Platz, Rundreise oder Abenteuer?

❖ *Stationär*
Wer für seinen Urlaub nur einen festen Urlaubsort bevorzugt, für den gestaltet sich nach der Auswahl des Ferienortes die Anreise am einfachsten. Bei Reisen mit Kindern ist das die beliebteste Urlaubsform.

❖ *Rundreise*
Wer viele Orte, Sehenswürdigkeiten und Landschaften erkunden will, ist mit der Planung der Route länger beschäftigt, alle Strecken und Zielorte müssen auf Stell- oder Campingplätze geprüft werden.

❖ *Abenteurer*
sind meist allein oder nur zu zweit in einem Wohnmobil unterwegs. Ihr Motto: «Der Weg ist das Ziel». Sie legen meist nur den Startort und eine bestimmte Region fest und lassen sich dann Tag für Tag treiben. Hier findet die Routen- und Stellplatzplanung während der Reise statt.

Reisezeit?

Unabhängig vom Wetter ist die Reisezeit ein wichtiger Faktor für die Planung. Auch die Franzosen sind ein reiselustiges Volk und verbringen ihren Campingurlaub meist im eigenen Land. Speziell am Meer und in den Urlaubshochburgen sind in den Sommerferien (Juli/August) gefühlt 99% aller Campingplätze ausgebucht. Wer einen Campingplatz bevorzugt, sollte entweder zuvor reservieren oder einen Camping-Municipal (Gemeindeplatz) bevorzugen, da bei diesen meist keine Reservierung möglich ist. Doch nicht nur die Campingplätze, auch die großen, bekannten Wohnmobilstellplätze sind zur Hauptreisezeit fast alle belegt.

In welche Region?

Als Erstes sollte die Urlaubsregion festgelegt werden. Eine kleine Hilfestellung, ob Mittelmeer oder Atlantik (Seite 46) und Alpen oder Pyrenäen (Seite 41) soll weiterhelfen. Wenn das grobe Ziel eingegrenzt ist, sind in den unzähligen Reiseführern in Buchform, auf Webseiten und die den sozialen Medien, zahlreiche Informationen zu finden. Einfach in die Suchleiste ihrer Suchmaschine den Ort oder die Region, gefolgt von «Office de tourisme» eingeben, und Ihnen werden die Webseiten der Touristen-Information angezeigt.

Die Routenplanung

Egal welcher Routenplaner genutzt wird, bei Frankreich-Reisen sollte darauf geachtet werden, dass dieser auch die Mautgebühren für Autobahnfahrten berechnet. Die meisten berechnen nur die Maut für PKWs (Klasse 1), wenige wie z. B. «Via Michelin» und «ADAC-Routenplaner» auch für Fahrzeuge der Klasse 2 (über 3m Höhe bis 3.5t). Wer es aber exakt mit Auswahl aller Klassen haben möchte, dem hilft nur die französische Seite *www.autoroutes.fr* weiter.

Parallel zur Routenplanung ist zu prüfen, welche Stell- oder Campingplätze an der Route liegen. Dies gilt auch, wenn nur ein nächtlicher Zwischenstopp geplant ist, da, egal in welchem Land, von der Übernachtung auf Rastplätzen aus Sicherheitsgründen dringend abgeraten wird.

Das sollte im Fahrzeug mitgeführt werden

- ✓ Neben der üblichen Ausrüstung ist die Mitführpflicht auf Seite 18 für Frankreich zu beachten.
- ✓ Wasser: Damit eine Füllung immer möglich ist, haben wir auf Seite 84 die nötigen Adapter vorgestellt.
- ✓ Strom: CEE-Anschlüsse sind noch nicht überall üblich. Daher ist unsere Empfehlung auf Seite 84 zu beachten.
- ✓ Gas: Die üblichen 2 x 11kg Gasflaschen sind im Normalfall für einen üblichen Sommerurlaub ausreichend. Trotzdem sollten entsprechende Adapter mitgeführt werden, damit die Gasversorgung gesichert bleibt. Mehr zur Gasversorgung in Frankreich auf Seite 85.
- ✓ Navigationsgeräte können einen schon einmal in die Irre führen, speziell lange Gespanne oder schwere Wohnmobile werden hier und da, sofern es kein LKW-Navi ist, auf unzumutbare Straßen geführt. Die gute alte Karte hat somit keineswegs ausgedient, um teilweise die Streckenführung zu überprüfen. Für Frankreich empfehlen wir den «Michelin-Atlas Routier» 1:200.000 (für LKW), in welchem auch Höhen- und Gewichtsbeschränkungen zu den einzelnen Straßen angegeben sind.

Das sollte unbedingt beachtet werden

- ➢ Einreisebestimmungen (in Kapitel 3)
- ➢ Wenn ein Hund mit auf Reisen geht (Seite 19) und «Der Hund am Strand»
- ➢ Verkehrsvorschriften (alles darüber in Kapitel 5)
- ➢ Frei Stehen – Realität?
  Mit schönen Werbevideos in denen das Wohnmobil am Strand steht und das Paar abends bei einem Glas Wein den Sonnenuntergang genießt, wird eine Freiheit suggeriert, die nur bedingt der Wahrheit entspricht. Parken ist, sofern nicht durch Beschilderung etc. geregelt, gestattet - Campingverhalten (s. Seite 96) wird jedoch geahndet.
- ➢ Machen Sie sich mit den Entsorgungsanlagen, Stellplätzen und deren Zugangssysteme in Kapitel [7] und [8] vertraut.

Vor der Abfahrt

- ✓ Inspektionsintervall durchgeführt?
- ✓ Reifen und Bremsen in Ordnung?
- ✓ TÜV und die Gasprüfung noch gültig?
- ✓ Öl kontrolliert?
- ✓ Sind die Bordbatterien in Ordnung?
- ✓ Funktionieren Wasserpumpe und die Armaturen?
- ✓ Läuft die Heizung/Warmwasser störungsfrei?
- ✓ Ofen und Kühlschrank getestet?
- ✓ WC-Kassette an Bord?
  (Haben schon einige nach der Reinigung vergessen)
- ✓ Sat-Anlage und TV geprüft?
- ✓ Funktionieren alle elektrischen Anlagen (Licht, Steckdosen etc.)
- ✓ Lassen sich die Stützen und die Markise einwandfrei aus und einfahren?
- ✓ Sind die Gasflaschen gefüllt?

Und was muss sonst mit?

Neben der Fahrzeugausrüstung, den persönlichen Utensilien und entsprechender Bekleidung, empfehlen wir aus Kostengründen, da diese Artikel in Frankreich teurer sind, die Mitnahme von: Kosmetikartikel (Shampoo, Zahnpasta etc.), Waschmittel, Tabakwaren und Bier für solche, die auf ihre Marke nicht verzichten wollen. Lebensmittel? Ja, aber nur das, was zuhause noch im Kühlschrank ist oder für die ersten 2-3 Tage benötigt wird. Ansonsten nichts, denn es geht in das Land der Feinschmecker. Sie werden nicht nur von der Vielfalt und Auswahl, sondern auch von der Qualität der Lebensmittel begeistert sein, die preisgleich oder nur unwesentlich teurer sind, als in Deutschland. Mehr dazu in Kapitel [11].

Tipps für «Wohnmobil-Einsteiger»

Wer erstmals ein Wohnmobil kaufen oder mieten möchte, geben wir den Rat, sich ausführlich zu informieren. Nur so bleibt man vor unliebsamen Überraschungen oder Enttäuschungen geschützt. Hierzu bieten sich zum Beispiel die Zeitschriften und deren Internetseiten von Promobil oder Reisemobil an.

Weitere praktische Reise-Tipps finden Sie in Kapitel 15

[3] Einreise & Wissenswertes

Dokumente & Mitführpflicht   **18**

Hunde   **19**
Einreisebestimmungen, Hunde am Strand

Notfall: Wichtige Rufnummern   **21**

Polizei   **21**

Ärztliche Versorgung & Apotheken   **22**

Rauchen   **23**

Stromversorgung   **23**

Telefon & Internet mit Tipps   **24**

Zahlungsmittel   **25**

Feiertage   **25**

Schulferien in Frankreich *(bis 2022)*   **25**

Wetter   **26**

Dokumente & Mitführpflicht

Ausweis-Pflicht

Als EU-Bürger benötigen Sie zur Einreise nach Frankreich, unabhängig von der Dauer des Aufenthalts, einen gültigen Reisepass oder Personalausweis. Sie sollten ständig ein Ausweisdokument mit sich führen.

Führerschein

Wenn Sie mit Ihrem Auto nach Frankreich einreisen oder sich einen Mietwagen mieten, benötigen Sie einen Europäischen Führerschein. Die «alten» deutschen Führerscheine in grau oder rosa besitzen noch weiterhin ihre volle Gültigkeit und werden anerkannt.
Achtung: Die deutsche Fahrerlaubnis mit 17 Jahren gilt in Frankreich nicht.

Mitführpflicht im Auto

- Führerschein
  Zulassungsbescheinigung
- Grüne Versicherungskarte
- Warnweste für alle Insassen (Ahndung mit Bußgeld)
- Warndreieck (Ahndung mit Bußgeld)
- Verbandskasten (Ahndung mit Bußgeld)
- Ersatzglühbirnen (Keine Pflicht, aber empfehlenswert)
  Bei defekter Beleuchtung ist ein Bußgeld bis zu 180 € fällig und im schlimmsten Fall erfolgt die Stilllegung des Fahrzeugs
- Fahrzeuge über 3,5 t:
  2 Warndreiecke
  1 Pannenleuchte

Unbedingt empfehlenswert:

a) Europäischer Unfallbericht. Sie erhalten ihn in allen Sprachen bei Ihrer Versicherung oder dem Automobilclub.
b) Vollmacht für Kfz Benutzung (mehrsprachig)

Hunde

Grundsätzlich ist Frankreich ein hundefreundliches Land und wie jeder schon bemerkt hat, reisen unzählige Hunde mit ihrem Herrchen und Frauchen im Wohnmobil und Caravan mit. Bis auf wenige Ausnahmen sind Hunde überall willkommen. Aber auch in Frankreich muss der Hundekot beseitigt werden (Bußgeld) und Schilder können zum Anleinen verpflichten.

In vielen Lokalen und Restaurants wird dem Hund ein Napf mit frischem Wasser serviert. Sehen Sie am Eingang zum Lokal die Aufschrift «Toutou Bar» an der Wand, ist das nicht für Sie gedacht, darunter steht immer ein gefüllter Wassernapf für alle Hunde, auch für vorbeiziehende Vierbeiner.

Einreisebestimmungen:

- Der Hund darf nicht jünger als 3 Monate alt sein.
- Er muss mittels Tattoo oder Mikrochip identifizierbar sein.
- Der europäische Impfpass muss mitgeführt werden.
- Der Hund benötigt eine gültige Tollwutimpfung (bei Erstimpfung oder Impflücke: Wartezeit 21 Tage). Die 3 Jahre gültigen Tollwutimpfungen sind auch in Frankreich anerkannt, sofern der Impfstoff explizit im Impfpass angegeben ist.
- Listenhunde:
  Handelt es sich um einen sogenannten Listenhund, ist die Einreise für ausländische Staatsbürger fast unmöglich.
  a) Für Hunde der Kategorie 2 müssen strenge Auflagen erfüllt werden, wie Wohnsitz in Frankreich, Abstammungsnachweis, Sachkundenachweis und vieles mehr.
  b) Für Hunde der Kategorie 1 ist die Einreise nach Frankreich vollständig verboten. Ihr Tierarzt gibt Ihnen gerne weiter Auskunft.

Ausführliche Informationen zur Einreise von Haustieren aller Art und Auflistung der verbotenen Hunderassen finden Sie unter:
www.de.ambafrance.org/Haustiere-Einreisebestimmungen

Der Hund am Strand

Leider gibt es in Frankreich inzwischen hier und da, speziell während der Saison am Strand, Beschränkungen für Hunde. Schuld daran sind meist nicht die Vierbeiner, sondern das andere Ende an der Leine. Das Ärgernis sind oft nicht angeleinte und freilaufende Hunde oder ihre nicht entfernten Hinterlassenschaften.

Die Zugangsbeschränkungen und Zugangsverbote für Hunde obliegen der jeweiligen Gemeinde, ebenso wie die Strafen, die sich im Mittel zwischen 17 € und 40 € bewegen, aber auch höhere Strafgelder sind je nach Aushang möglich. Man kommt also nicht umhin, sich über die Vorschriften an seinem Urlaubsort genau zu erkundigen.

Meistens besteht ein ganzjähriges Hundeverbot an den Badestränden von Hotspots, anderen Orts nur während der Saison, deren Zeitraum sich jedoch weit ausdehnen kann (z. B. April – Oktober), einige Gemeinden lassen Hunde nur zu bestimmten Zeiten (z. B. 19 h – 7 h) zu. Die Leinenpflicht besteht jedoch zu über 90%.

Wer nun meint, sein Hund muss auf seinen Strandtag verzichten, täuscht sich. Speziell an der gesamten Atlantikküste gibt es Strände, an denen Hunde zugelassen sind. Des Weiteren können Hunde abseits der Hauptstrände auch in der Saison frei herumtoben. Unzählige menschenleere Strandkilometer stehen dem Besitzer und seinem Vierbeiner an der Küste zur Verfügung.

Sogar am Mittelmeer sind hundefreundliche oder einsame Strände zu finden, wenn man sich nicht am Strand der mondänen Hochburgen mit seinem Hund in der Sonne aalen möchte.

Einige Hundert Meter abseits der Badestrände findet jeder für sich und seinen Vierbeiner unzählige Quadratmeter Strand und ein ungestörtes Plätzchen.

Einen sehr guten Überblick über die «Hunde-Strände» bietet die französische Internetseite: *www.animaux-sur-la-plage.com*

Notfall

Unvorhersehbare Ereignisse können leider immer und überall eintreten.

Wichtige Rufnummern

die Sie sich im Telefon abspeichern sollten:

Notruf: 112

Polizei: 17

Feuerwehr (Pompiers): 18

Rettungsdienst (SAMU): 15

Seenotrettung: 1616

Kartensperrung: +49 116 116 (alle Geld- & Kreditkarten)

Deutsche Konsulate
Paris: +33 153 834 500
Straßburg: +33 388 246 700
Lyon: +33 472 699 898
Marseille: +33 491 167 520
Nizza: +33 493 835 525

Zentralruf der Autoversicherer: +49 40 300 330 300

Polizei

Die Polizeigewalt in Frankreich obliegt der

Gendarmerie

Police municipal

Police national

Für Sie als Urlauber macht es keinen Unterschied, alle sind befugt, sie anzuhalten oder zu kontrollieren.

Ärztliche Versorgung

Ausreichend für die Reise nach Frankreich ist die übliche Reiseapotheke und das Mitführen Ihrer notwendigen Medikamente für die Dauer der Reise.

Selbst bei einer Erkrankung muss man sich nicht sorgen. Das französische Gesundheitssystem, die Krankenhäuser und Fachärzte sind genauso professionell wie in Deutschland. Zur Vorsicht kann man aber vor der Abreise (z. B. beim ADAC) eine Ärzteliste der Deutsch sprechenden Ärzte am Urlaubsort anfordern.

Die deutsche Gesundheitskarte wird auch in Frankreich anerkannt, sie müssen aber meist im Vorfeld die Arztrechnung begleichen und bei Ihrer Rückkehr nach Deutschland Ihrer Krankenkasse zur Erstattung der Kosten einreichen. Es gibt allerdings auch Kliniken, die direkt mit der Krankenkasse abrechnen. Erkundigen Sie sich vor der Behandlung über die Art der Abrechnung. Sie können sich auch die Kosten über eine französische Krankenkasse vor Ort erstatten lassen.

Da meist nicht die Gesamtkosten erstattet werden, empfehlen wir den Abschluss einer Auslandskrankenversicherung, die den Differenzbetrag abdeckt und im Notfall auch die Kosten für die Rückführung nach Deutschland übernimmt.

Apotheken (Pharmacie)

Erkennt man an einem grün blinkenden Kreuz. Wie bei uns hängt am Eingang die Adresse der diensthabenden Apotheke aus, wenn die Apotheke geschlossen hat. In der Regel sind Apotheken von Montag bis Samstag von 8:30 Uhr bis 20:00 Uhr geöffnet.

Notiz:

Rauchen

Für Raucher ist Frankreich kein Schlaraffenland. In Frankreich gibt es per Gesetz ein umfassendes Rauchverbot, teilweise sogar an Badestränden. Achten Sie auf die Verbotsschilder: «Défense de fumer» oder «Interdiction de fumer». Der Verstoß gegen das Rauchverbot wird mit einer Verwarnung in Höhe von 68 € geahndet. Dazu sind die Preise für Tabakwaren Preise weitaus höher als in Deutschland.

Tabak und Rauchwaren erhalten Sie nur in lizenzierten Tabakwarengeschäften, erkenntlich an der Aufschrift TABAC oder einer rautenförmigen, rot leuchtenden oder blinkenden Leuchtreklame. Meist sind es Lotto- oder Zeitschriftenläden oder kleine Bars, und in kleinen Orten ist meist nur eine Verkaufsstelle oder überhaupt keine zu finden. Dazu sind diese Geschäfte am Sonntag meist geschlossen, ausgenommen jedoch Touristenhochburgen und größere Städte.

Alle Packungen, auch loser Tabak und Zigarillos, haben eine einheitliche olivgrüne Verpackung, auf der in kleiner Standardschrift nur unten am Rand der Markenname steht.

Stromversorgung

Die Stromspannung beträgt 220V.

Einen Adapter benötigen Sie nur bei einem Schuko-Stecker (geerdet), beim Flachstecker ist der Adapter nicht nötig.

Für Camper
Auf Stell- und Campingplätzen kann überwiegend der bekannte blaue CEE Stecker verwendet werden, trotzdem sollte ein Adapter an Bord sein, da teilweise noch herkömmliche Steckdosen verwendet werden. Das Mitführen einer Mehrfachsteckdose oder eines CEE-Verteilers ist jedoch empfehlenswert, da sich oft mehrere Fahrzeuge an eine Steckdose teilen.

Telefon & Internet

Telefonieren und mobile Daten sind dank der EU Verordnung zu gleichen Konditionen wie im Inland möglich.

Wlan (WiFi)

Viele Camping- und Stellplätze sowie Restaurants und Cafés bieten kostenloses Wlan («WiFi gratuit») an. An öffentlichen Plätzen (Straßen, Bahnhöfen, usw.) stehen teilweise «WiFi-Säulen», wo Sie ebenfalls einen Webzugang erhalten.

Tipp für Vielsurfer und Blogger

Mit dem geringen GB-Volumen in deutschen Standardverträgen und bei einem längeren Auslandsaufenthalt sollten Vielsurfer in Frankreich auf die dortigen weitaus preisgünstigeren Prepaid-Karten zurückgreifen, die für kleines Geld ein viel größeres GB-Volumen anbieten. Bitte beachten Sie, dass GB in Frankreich GO genannt werden.

REGLO mobile bei E.Leclerc

20 GB für 5,80 € bis 250 GB für 19,80 € (Stand: März 2024)

Der Erwerb dieser Prepaid-Karte ist in jedem Supermarkt von «E.Leclerc» möglich und die Funktionsweise bezüglich der Aufladung ist vergleichbar mit denen, der bei uns bei Discountern erhältlichen Karten. Die Karte ist manuell oder per Bankabbuchung aufladbar. (Infos unter *www.reglomobile.fr*)

Im Tarif sind Anrufe, SMS und MMS unbegrenzt enthalten. Leider kann die Karte nicht im Router verwendet werden.

Free mobile

140 GB (4G) für 9.99 € oder 250 GB (5G) für 19.99 €

Free mobile ist ein Unternehmen, dass seine Prepaid-Karten nur an SB-Automaten, deren Bedienung nur in Französisch möglich ist verkauft.

Auf unserer Webseite gibt es eine ausführliche Anleitung und wichtige Hinweise für nicht Französischsprechende.

Zahlungsmittel

Währung: Euro

Gängige Zahlungsmittel:
- Bar (Espèces)
- Visa Card
- Master Card
- Maestro (ehemals EC-Karte)

Die Barzahlung ist in Frankreich selten geworden. Auch Automaten, wie z. Bsp. Stellplatzautomaten können fast nur noch mit Karte bezahlt werden.

Feiertage

Neujahr
Karfreitag (nur im Elsass!)
Ostermontag
1. Mai
8. Mai (Tag des Waffenstillstands 1945)
Christi Himmelfahrt
Pfingstmontag
14. Juli (Nationalfeiertag)
15. August (Maria Himmelfahrt)
1. November (Allerheiligen)
11. November (Tag des Waffenstillstands 1918)
25. Dezember (Weihnachten)
Der 26. Dezember (2. Weihnachtstag) ist in Frankreich kein Feiertag.

Schulferien

Die Zeiten der Schulferien sind für die Urlaubsplanung oft unerlässlich, um zu wissen, wann es auf Stell- und Campingplätzen eng werden könnte. Die genauen Ferienzeiten finden unter: *www.schulferien.org*

Nur die Winter- und Frühjahr-Schulferien sind nach Zonen (Regionen) gesplittet. Im Sommer, Herbst und zu Weihnachten haben alle Regionen gleichzeitig Ferien.

Wetter

Je nach geografischer Lage und Jahreszeit gibt es auch in Frankreich verschiedene Wetterzonen. Man kann jedoch nicht prinzipiell davon ausgehen, dass es am Mittelmeer immer besser als am Atlantik ist. Sicherlich ist das Wasser des Atlantiks kühler, das Wetter ist jedoch im Südwesten (Aquitaine) oftmals genau so gut wie im mediterranen Süden. Heimtückisch sind die Winde, so dass die starke Sonneneinstrahlung nicht zu spüren ist und für einen ungeliebten Sonnenbrand sorgt.

In der Bretagne hingegen, und dafür ist sie bekannt, kann man an einem Tag alle vier Jahreszeiten erleben, und auch der Regen dort hat seine Eigenart. Hier gibt es u. a. den «bretonischen Regen»: Man sieht ihn nicht, aber man fühlt die nadelfeinen Regenfäden.
Viele Apps informieren über das Wetter. Vor Ort hat sich der örtliche Wetterbericht (Zeitung oder Aushang am Campingplatz) als ziemlich sichere Vorhersage erwiesen.

Wichtige Wetter-Vokabeln

Averse	Regenschauer
Brouillard	Nebel
Couvert	stark bewölkt
Gel	Frost
Neige	Schnee
Nuageux	Bewölkt
Orage	Gewitter
peu nuageux	leicht bewölkt
Pluie	Regen
pluie est rare	teilweise Regen
Soleil	Sonne
Verglas	Glatteis

[4] Die Regionen

Die Departements-Übersicht   Seite 37

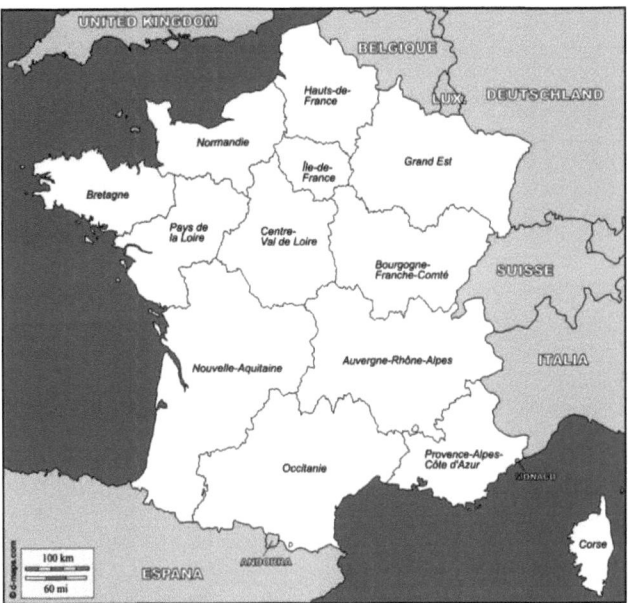

© www.d-maps.com

Frankreich ist in 13 Regionen aufgeteilt

Für jede Region erhalten Sie zahlreiche und ausführliche Reiseführer. Sehr hilfreich und informativ sind im Internet die Seiten der jeweiligen «Office de tourisme».

Die beliebten Urlaubsgebiete sind:

- Der Westen am Atlantik mit seiner kulissenhaften und abwechslungsreichen Küste, endlosen Sandstränden und traumhaften Buchten, sowie
- Der Süden am Mittelmeer mit seinem mediterranen Flair, der farbenfrohen Provence, den Hotspots der «Reichen und Schönen» und der Insel Korsika.

[4] Die Regionen

Baie de somme (Nordfrankreich)

Honfleur (Normandie)

Bretagne

28

Hauts-de-France (Nordfrankreich)
Willkommen bei den Sch'tis»

Ob Opalküste oder das Vogelparadies der Somme-Bucht mit seinen Robbenbänken, Sie dürfen sich auf jeden Fall auf abwechslungsreiche Landschaften und auf die schwimmenden Gärten von Amiens freuen. Auf der Suche nach Ruhe und Entspannung können Sie die langen, feinsandigen Strände und die Wanderwege in den regionalen Naturparks genießen oder die eleganten Badeorte besuchen.

Normandie
Kreidefelsen, Landungsstrände und der Mont-Saint-Michel

Das Land von Cidre, Calvados und Camembert ist aufgeteilt in die Haute- und Basse-Normandie mit der Halbinsel Cotentin. Im Norden beginnt die Normandie mit der Alabasterküste und den spektakulären Kreidefelsen, danach folgt die Heimat von Cidre und Camembert und die Côte de Fleurie mit ihren Jugendstilhäusern und Strandpromenaden. Im Süden schließen sich mit der Perlmuttküste die bekannten, historischen Landungsstrände des D-Day an, bevor die Halbinsel Cotentin mit noch unberührten Sandstränden beginnt. Im Süden bildet der berühmte, im Watt gelegene Klosterberg «Mont-Saint-Michel» die Grenze zur Bretagne.

Bretagne
Kommissar Dupin lässt grüßen.

Jeder Urlaub ist zu kurz, um die Heimat von Asterix & Obelix in der geschichtsträchtigen Bretagne mit ihren wilden Felsküsten, Klippen, romantischen Stränden und Buchten zu erkunden. Eine atemberaubende Küstenlandschaft mit bis zu 104 m hohen Kaps und über 100 vorgelagerten Inseln, dazu ein mythen- und legendenreiches Hinterland, gilt es zu entdecken. Machen Sie eine Zeitreise von prähistorischen Monumenten, den Megalithen, über das Mittelalter und der Renaissance bis zur Neuzeit. Idyllische Dörfer mit Steinhäusern, Städte mit Fachwerkhäusern, Burgen und Schlösser erwarten Sie. Die Bretagne ist eine der beliebtesten Ferienregionen der Franzosen – ohne Massentourismus. Die Mythen der Kelten, die bretonische Lebensart und die vielfältige Landschaft werden auch Sie verzaubern.

Île de Noirmoutier (Pays de la Loire)

Dune du Pyla (Nouvelle-Aquitaine)

Collioure (Occitanie)

30

Pays de la Loire
Meer, beschauliche Landschaften und Schlösser
450 km Küste, vorgelagerte Inseln wie die bekannte Île de Noirmoutier und ein reizvolles Hinterland mit den Schlössern im Loiretal, so empfängt Sie das Pays de la Loire. Für Radfahrer ein Paradies mit unendlichen Radwegen. Ob die Salzfelder auf Noirmoutier, das Sumpfgebiet «Marais poitevin», das zu romantischen Bootsfahrten einlädt, oder die traumhaften Buchten, keiner kann dem Charme widerstehen.

Nouvelle-Aquitaine
Strand und Dünen, Berge und Wälder
Nouvelle-Aquitaine ist die größte Region Frankreichs, die dem Urlauber wirklich alles bietet. Seien es die schmucken Inseln Île-de-Ré oder Île d'Oléron, das Weinanbaugebiet Medoc an der Gironde, das historische Tal der Dordogne mit dem Périgord, das traumhafte Becken von Arcachon mit Europas höchster Düne, unendliche Sandstrände bis Biarritz oder die nördlichen Pyrenäen. Unendliche Rad- & Wanderwege, Strände zum Surfen und Baden, Besichtigungen mittelalterlicher Dörfer, Stätten und Burgen, Wälder und Täler; jeder wird hier in einem der größten Weinanbaugebiete nach seinem Geschmack fündig.

Occitanie (Okzitanien)
Ganz mediterran
Die Midi-Pyrénées sind eine beeindruckende Naturlandschaft an der Grenze zu Spanien und Andorra. Mit ihren bis zu 3.300 m hohen Berggipfeln und Schluchten sind sie ein ideales Urlaubsgebiet für Wanderer und Natursuchende.
Das Languedoc-Roussillon, eine der ältesten Kulturlandschaften Frankreichs, ist eine sehr beliebte Urlaubsregion am Mittelmeer. Mit über 300 Sonnenstunden im Jahr warten über 180 km Sandstrand zwischen der Camargue und der spanischen Grenze auf die sonnenhungrigen Urlauber. Das Zirpen der Zikaden, mittelalterliche Dörfer mit mediterranen Märkten und Platanen vermitteln Ihnen, nicht zuletzt mit ausgelassenen Festen, die jahrhundertealte Tradition dieser Region.

Ockerfelsen in der Provence

Mont Blanc Gebirge (Auvergne-Rhône-Alpes)

Château de Chambord (Centre-Val de Loire)

Provence-Alpes-Côte d'Azur
Sonne, Lavendel und Stiere

So lang wie der Name (PACA abgekürzt), so umfangreich sind auch die Naturlandschaften, historischen Städte und Dörfer.

Im Südwesten das Rhône-Delta mit der berühmten, weiten Landschaft der Camargue mit freilaufenden schwarzen Stieren, weißen Pferden und Tausenden Flamingos.

Nach Osten hin erstreckt sich dann die mondäne Côte d'Azur, mit eindrucksvollen Buchten der Küstenlandschaft der Calanque bei Cassis und dem roten Massiv de L'Esterel, dazu die Hotspots von Saint-Tropez, Fréjus, Cannes, Nizza und Monaco.

Nicht zu vergessen, die farbenfrohe Provence mit sehenswerten Dörfern und Lavendelfeldern.

Auvergne-Rhône-Alpes
Natur – Berge – Vulkane – Schluchten – Seen – Wälder

Die landschaftlich vielfältigste Region besticht mit einer fast unfassbaren Anzahl Spezies von Fauna und Flora, sie ist das ideale Erholungsgebiet zum Wandern, Mountainbiking, Paragliding, Kajak- und Skifahren und Baden.

Die Auvergne im Herzen Frankreichs beherbergt Europas größten regionalen Naturpark, den «Parc des Volcans d'Auvergne», und das obere Loiretal.

In den Alpen im Osten erwarten Sie nicht nur der berühmte Mont-Blanc, die weltgrößte Skiregion und der bei Radfahrern berüchtigte «Alp d'Huez», sondern auch grandiose Bergtäler.

Zum Süden hin erstreckt sich das fruchtbare und von Weinhängen umgebene Rhônetal, mit der bekannten und viel besuchten Schlucht «Georges d'Ardèche».

Centre-Val de Loire
Das Tal der Schlösser

Das Tal der Loire ist wohl eine der berühmtesten und mit am meisten besuchten Regionen Frankreichs. Die Loire ist mit 1.012 km der größte Strom Frankreichs, umgeben von berühmten und sehenswerten Schlössern. Der natürliche Flusslauf wird nicht beeinflusst. Die Region eignet sich wunderbar für Zwischenstopps mit Sightseeing für die An- und Abreise zum Atlantik und Radfahrtouren.

[4] Die Regionen

Schloss Versailles (Île-de-France)

Strasbourg (Grand Est)

Kanal bei Dijon (Bourgogne-Franche-Comté)

34

Île-de-France
ist nicht nur Paris
Île-de-France ist zwar die kleinste Region, aber mit über 12 Mio. Einwohnern die bevölkerungsdichteste. Neben der Hauptstadt Paris, hat die Île-de-France noch mehr zu bieten. Die Region verfügt über eine erstaunliche Landschaftsvielfalt mit insgesamt vier regionalen Naturparks. Hinzu kommen traumhafte Schlösser, wie das allseits bekannte Versailles und der berühmte Wald von Fontainebleau.

Grand Est
Die Rheinebene verbündet mit dem Champagner
Nach den Kriegen gehörten manche Gebiete einmal zu Deutschland und ein anderes Mal zu Frankreich. Dies spiegelt sich teilweise auch in der Lebensart wieder.

Das bezaubernde Elsass im Rheintal besticht durch seine historischen Dörfer auf der Weinstraße.

Die Region Lothringen, mit den Vogesen und drei Naturparks, bietet mit Seen und Wasserflächen atemberaubende Panoramen und genügend Wintersportmöglichkeiten.

Dagegen wartet die Champagne-Ardenne nicht nur mit dem Weinanbau und Champagner auf, sondern neben 450 km Radwegen auch mit dem «Lac du Der», dem größten Stausee Frankreichs.

Bourgogne-Franche-Comté
Burgunder Weine, Käse und die Charolais-Rinder
Die Bourgogne, das Land der Herzöge, mit Wäldern und Weinbergen, ist mit zahlreichen Flüssen und Kanälen durchzogen. Ein Reichtum an Kulturschätzen und historische Städte und Dörfer erwarten Sie neben einer erstklassigen, heimischen Küche. Ob mit dem Boot auf Flüssen und Kanälen, zu Fuß oder mit dem Fahrrad, dem Auto oder Wohnmobil, das Burgund lohnt sich wirklich zu erkunden.

Franche-Comté, die beeindruckende, waldreiche Landschaft mit den Naturparks, dem Jura und den Vogesen, ist nicht nur für einen Kurzurlaub oder für den Wintersport geeignet.

[4] Die Regionen

Corse (Korsika)

Das «Gebirge im Meer» oder die «Insel der Schönheit»

Die viertgrößte Mittelmeerinsel ragt mit ihrer imposanten Gebirgslandschaft bis zu 2.500 m empor. Daher wird die Insel auch als «Gebirge im Meer» bezeichnet. Die Küstenlänge, mit einem Drittel Strandküste, erstreckt sich auf ca. 1.000 km Länge. Korsika ist per Fähre erreichbar.

Die charaktervolle Insel mit viel geschützter Natur ist für Freiluftsportler ein Eldorado. Naturreservate mit einer artenreichen Flora und Fauna, traumhafte Buchten, kristallklares Wasser und Bergseen können auch auf reizvollen Wanderwegen von Nord nach Süd erkundet werden.

Stellplätze werden für Wohnmobile auf Korsika nur sehr wenige angeboten und Campingplätze sollten vor der Reise gut gewählt werden. Dazu lassen sich nicht alle Straßen mit langen Gespannen oder großen Wohnmobilen befahren. Der Caravan- und Wohnmobilurlaub auf Korsika sollte also gut geplant sein.

Die Departements

Departements sind Gebietskörperschaften (wie bei uns Kreise), die weitgehend in alphabetischer Reihenfolge durchnummeriert sind. In der Regel bilden sie die ersten beiden Stellen bei den Postleitzahlen und bis 2009 auf den Kfz-Kennzeichen die letzten beiden Stellen. Seit 2009 findet man auf den Kfz-Kennzeichen am Ende nur noch im blauen Feld den Eintrag.

© www.d-maps.com

Angaben ohne Übersee Departements.

Die Departements

Nr.	Departement	Region
1	Ain	Auvergne-Rhône-Alpes
2	Aisne	Hauts-de-France
2A	Corse-du-Sud	Korsika
2B	Haute-Corse	Korsika
3	Allier	Auvergne-Rhône-Alpes
4	Alpes-de-Haute-Provence	Provence-Alpes-Côte d'Azur
5	Hautes-Alpes	Provence-Alpes-Côte d'Azur
6	Alpes-Maritimes	Provence-Alpes-Côte d'Azur
7	Ardèche	Auvergne-Rhône-Alpes
8	Ardennes	Grand Est
9	Ariège	Okzitanien
10	Aube	Grand Est
11	Aude	Okzitanien
12	Aveyron	Okzitanien
13	Bouches-du-Rhône	Provence-Alpes-Côte d'Azur
14	Calvados	Normandie
15	Cantal	Auvergne-Rhône-Alpes
16	Charente	Nouvelle-Aquitaine
17	Charente-Maritime	Nouvelle-Aquitaine
18	Cher	Centre-Val de Loire
19	Corrèze	Nouvelle-Aquitaine
21	Côte-d'Or	Bourgogne-Franche-Comte
22	Côtes-d'Armor	Bretagne
23	Creuse	Nouvelle-Aquitaine
24	Dordogne	Nouvelle-Aquitaine
25	Doubs	Bourgogne-Franche-Comte
26	Drôme	Auvergne-Rhône-Alpes
27	Eure	Normandie
28	Eure-et-Loir	Centre-Val de Loire
29	Finistère	Bretagne
30	Gard	Okzitanien
31	Haute-Garonne	Okzitanien
32	Gers	Okzitanien
33	Gironde	Nouvelle-Aquitaine
34	Hérault	Okzitanien

Nr	Departement	Region
35	Ille-et-Vilaine	Bretagne
36	Indre	Centre-Val de Loire
37	Indre-et-Loire	Centre-Val de Loire
38	Isère	Auvergne-Rhône-Alpes
39	Jura	Bourgogne-Franche-Comte
40	Landes	Nouvelle-Aquitaine
41	Loir-et-Cher	Centre-Val de Loire
42	Loire	Auvergne-Rhône-Alpes
43	Haute-Loire	Auvergne-Rhône-Alpes
44	Loire-Atlantique	Pays de la Loire
45	Loiret	Centre-Val de Loire
46	Lot	Okzitanien
47	Lot-et-Garonne	Nouvelle-Aquitaine
48	Lozère	Okzitanien
49	Maine-et-Loire	Pays de la Loire
50	Manche	Normandie
51	Marne	Grand Est
52	Haute-Marne	Grand Est
53	Mayenne	Pays de la Loire
54	Meurthe-et-Moselle	Grand Est
55	Meuse	Grand Est
56	Morbihan	Bretagne
57	Moselle	Grand Est
58	Nièvre	Bourgogne-Franche-Comte.
59	Nord	Hauts-de-France
60	Oise	Hauts-de-France
61	Orne	Normandie
62	Pas-de-Calais	Hauts-de-France
63	Puy-de-Dôme	Auvergne-Rhône-Alpes
64	Pyrénées-Atlantiques	Nouvelle-Aquitaine
65	Hautes-Pyrénées	Okzitanien
66	Pyrénées-Orientales	Okzitanien
67	Bas-Rhin	Grand Est
68	Haut-Rhin	Grand Est
69	Rhône	Auvergne-Rhône-Alpes

Die Departements

Nr	Departement	Region
70	Haute-Saône	Bourgogne-Franche-Comte
71	Saône-et-Loire	Bourgogne-Franche-Comte
72	Sarthe	Pays de la Loire
73	Savoie	Auvergne-Rhône-Alpes
74	Haute-Savoie	Auvergne-Rhône-Alpes
75	Paris	Île-de-France
76	Seine-Maritime	Normandie
77	Seine-et-Marne	Île-de-France
78	Yvelines	Île-de-France
79	Deux-Sèvres	Nouvelle-Aquitaine
80	Somme	Hauts-de-France
81	Tarn	Okzitanien
82	Tarn-et-Garonne	Okzitanien
83	Var	Provence-Alpes-Côte d'Azur
84	Vaucluse	Provence-Alpes-Côte d'Azur
85	Vendée	Pays de la Loire
86	Vienne	Nouvelle-Aquitaine
87	Haute-Vienne	Nouvelle-Aquitaine
88	Vosges	Grand Est
89	Yonne	Bourgogne-Franche-Comte
90	Territoire de Belfort	Bourgogne-Franche-Comte
91	Essonne	Île-de-France
92	Hauts-de-Seine	Île-de-France
93	Seine-Saint-Denis	Île-de-France
94	Val-de-Marne	Île-de-France
95	Val-d'Oise	Île-de-France

Im französischen KFZ-Nummernschild steht im rechten blauen Feld meist die Nummer des Département (freiwillige Basis), oft in Verbindung mit dem entsprechenden Wappen des Département oder der Region. Unabhängig vom Halterwohnort kann bei der Zulassung jedoch jedes gewünschte Département gewählt werden. So kann zum Beispiel ein Fahrzeug aus Bordeaux statt 33 (Gironde), auch die 75 für Paris oder 974 für La Réunion (Übersee-Département)) tragen.

[5] Reiseziele & Entscheidungshilfe

Alpen oder Pyrenäen   41

Wintersport in Frankreich   44

Atlantik oder Mittelmeer   46

Gefahren des Meeres   51
Ebbe & Flut – Badestrände - Rippströmung

Alpen oder Pyrenäen

Es muss nicht immer Meer sein

Die Alpen und Pyrenäen sind nur zwei der sieben französischen Gebirge in Frankreich, gehören aber, neben der Insel Korsika und dem Zentralmassiv, zu den beliebtesten Urlaubszielen im Sommer wie im Winter.

Die zu Deutschland grenznahen kleineren Gebirge, die Vogesen und Ardennen, aber auch das Jura, müssen sich mit ihren landschaftlichen Reizen und Freizeitmöglichkeiten keinesfalls hinter den «Großen» verstecken.

Jedes der zwei großen Gebirge hat seine Vorzüge und Bergfreunde finden mit 100%iger Sicherheit in einem der großen Berglandschaften je nach Hobby, Freizeitgestaltung und Entfernung ihr Ziel; sei es in den imposanten Alpen mit ihrem hohen Felsmassiv oder in der abwechslungsreichen Bergwelt der Pyrenäen.

Die französischen Alpen (Les Alpes françaises)
sind das Ziel für alle, die hoch hinaus wollen. Neben dem höchsten Gipfel, dem Mont-Blanc mit 4.810 m dominieren weitere 24 Viertausender diese grandiose Gebirgslandschaft zur Grenze nach Italien und der Schweiz. Diese Alpenlandschaft der Westalpen erstreckt sich auf 40.802 km² im westlichen Teil Frankreichs vom

41

Alpen oder Pyrenäen

Genfer See bis zur Côte d'Azur und gehört zu den Regionen Auvergne-Rhône-Alpes und Provence-Alpes-Côte d'Azur.

Sie sind im Winter wegen ihrer «Schneegarantie» nicht nur für deutsche Wintersportler ein beliebtes Wintersportgebiet. Den Wetterbedingungen und dem Tourismus geschuldet, sind hier unzählige Skipisten aller Schwierigkeitsgrade, Loipen, Lifte und viele Retortenorte entstanden, welche die Berglandschaft leider teilweise verunstaltet und der natürlichen Umwelt Schaden zugefügt haben.

Ruhe und Natur, Fauna und Flora genießt man am besten in einem der drei großen Nationalparks, dem Vanoise, Ecrins und Mercantour. In der schneelosen Zeit sind die Alpen mit ihren idyllischen Tälern Treffpunkt der Wanderer, Bergsteiger und Paragleiter. Der legendäre Ort Alpe d'Huez ist bei ambitionierten Radsportlern das Etappenziel und weitere anspruchsvolle und bekannte «Tour de France» Strecken warten auf konditionsstarke Sportler. Auf die Wassersportler und Seenliebhaber warten viele Gebirgsbäche und kleinere Seen. Der »Genfer See«, der türkisfarbenen Stausee »Lac de Castillon« oder der »Lac de Roselend« im Beaufortain-Massiv, alle sind wundervoll zwischen den Bergen eingebettet.

Die Pyrenäen (Les Pyrénées)

Der großen Entfernung zu Deutschland wegen, werden die Pyrenäen trotz Zugang zum Atlantik und zum Mittelmeer, seltener als Urlaubsziel gewählt. Vielen sind sie nur durch den Ort «St.-Jean-Pied-de-Port», als Ausgangspunkt des Jabobsweg, oder durch die Tour de France bekannt.

Die Pyrenäen müssen sich nicht hinter dem Hochgebirge der Alpen verstecken. Auf einer Länge von über 430 km verläuft die Bergkette der Pyrenäen vom Atlantik zum Mittelmeer und trennt Frankreich von Spanien. Was für Biker die Route 66 ist, ist für Trekking-Fans der grandiose Fernwanderweg GR10, der mit 48.000 Höhenmetern und einer Länge von 850 km die beiden Küsten verbindet.

Mit Viertausendern kann das Gebiet zwar nicht aufwarten, es ist aber mit seinen Drei- und Zweitausendern Gipfel nicht weniger attraktiv als die Alpen, und bei Bergsteigern ebenso beliebt. Die Pyrenäen sind wilder, unerschlossener und vielfältiger in der Fauna und Flora, als die Alpen. Dazu kommen unzählige und historische Stätten und Sehenswürdigkeiten, authentische kleine Bergdörfer und Städte, idyllische Bergseen und Wasserfälle, und drei Nationalparks, wovon zwei auf spanischer Seite liegen. Ein Erlebnis der besonderen Art sind die drei touristischen Bahnlinien. Eine Fahrt davon sollte man unbedingt einmal unternehmen, sei es mit dem «Petit Train du Lac d'Artouste», dem «Le Train de la Rhune» oder mit der gelben «Ligne de Cerdagne».

Auch beim Klima spielen die Pyrenäen ihren Trumpf aus. Durch ihre südliche Lage ist das Wetter stabiler und im Sommer wärmer, so dass bereits ab Mai schon alle Pässe befahren werden können. Nichtsdestotrotz sind auch die Pyrenäen ein Wintersportgebiet, die für Anfänger und Freerider zahlreiche Pisten bieten. Radsportler wissen, dass die Steigungen und Strecken in den Pyrenäen härter und anspruchsvoller als in den Alpen sind. Dazu reihen sich unzählige und malerische Bergseen wie an einer Perlenschnur aneinander. Nicht umsonst gehören die Pyrenäen zu den schönsten Gebirgsregionen Europas.

Tipps für Wohnmobile & Caravans

Routen durch die Bergwelt sollten gut geplant werden, vor allen Dingen, wenn Hauptrouten verlassen oder Passstraßen angefahren werden. Extreme Steigungen, enge Serpentinen-Kehren, an denen schon manche aufgesetzt sind, und schmale einspurige Straßen mit kleinen Ausweichbuchten, haben schon manche Fahrer zur Umkehr (oft rückwärts) gezwungen. Zu einer guten Routenplanung ist in den Bergen eine detaillierte Straßenkarte mit Angaben zu Gewichtsbeschränkungen, Höhenangaben etc. unerlässlich, deren Maßstab nicht mehr als 1:100.000 betragen sollte denn Anweisungen von Navigationsgeräten haben schon manche ins Chaos geführt.

Wintersport in Frankreich

Wer an Wintersport denkt, dem fällt zuerst neben dem Berchtesgadener Land, Tirol, Österreich und die Schweiz ein. Außer den Frankophilen und Wintersportfreaks haben nur wenige deutsche Winterurlauber Frankreich auf dem Schirm.

Frankreich ist nicht nur ein «Sommer-Reiseland», sondern nach den USA das zweitgrößte Wintersportgebiet der Welt. Auf knapp 300 km² Pistenlandschaft und mit über 3.400 Liftanlagen sind hier die Alpinsportler im Winter zu Hause.

Französische Alpen

Skiregionen und Pistenlandschaften reihen sich in der durch die Weltcups bekannten Region aneinander. Zu den bedeutendsten gehören: Val d'Isère, Tignes, Les Arcs, Courchevel, Val Thorens, Mont Blanc, Portes du Solei und viele anderen. Jeder, vom Kind und Anfänger bis zum Extremsportler, findet in diesem Gebiet für jede Wintersportart sein Revier. Aber auch Kulturelles, Wellness und der Après-Ski sorgen in allen Orten für Abwechslung.

Pyreneäen

Sie bieten wie die Alpen ideale Wintersportbedingungen, sind aber aufgrund ihrer Lage an der französisch-spanischen Grenze für einen kurzen Wintersporturlaub von Deutschland zu weit entfernt. Fast 40 Skiregionen findet man hier, wie die großen über 2.000 m gelegenen Ski-Domänen Luz-Ardiden, Piau Engaly und Font-Romeu. Auf Abfahrtsläufer warten anspruchsvolle Pisten und Ski-Langläufer können auf unendlichen Loipen die traumhafte Landschaft genießen.

Vogesen, Jura und Zentralmassiv

ergänzen die beiden großen Wintersportgebiete hervorragend. Das Zentralmassiv ist ein bekanntes Eldorado für die Freunde des Skiwanderns und Skilanglauf.

Winter-Camping Tipps für Wohnmobile & Camper

Voraussetzung
Das Fahren eines Gespanns oder Wohnmobils bei winterlichen Verhältnissen in alpinen Regionen unterscheidet sich im Antrieb, Traktion und Fahrverhalten auf Schnee und Glatteis erheblich von der Fahrt im Sommer.

Auch vom Fahrzeug wird in der Kälte einiges abverlangt. Es sollte also winterfest sein, um vor Kälte und bösen Überraschungen geschützt zu sein, und der Betriebsanleitung des Herstellers ist besondere Beachtung zu widmen. So sollte der Frisch- und Abwassertank unbedingt isoliert oder beheizt sein, denn Frostschäden sind teuer.

Winterreifen
und das Mitführen von Schneeketten in die Wintersportgebiete sollte nicht nur selbstverständlich sein, sondern werden auf fast allen Strecken in den Regionen vorgeschrieben. Ebenso gehört eine Schaufel an Bord.

Camping
Die Plätze auf den geöffneten Winter-Campingplätzen sind sehr begehrt und meist ausgebucht. Die Reise muss also gut geplant und die Plätze im Vorfeld gebucht werden.

Ver- und Entsorgungsstationen
sind auf Wohnmobilstellplätzen während dieser Zeit oft geschlossen. Bei einem längeren Aufenthalt sollte man daher einen Campingplatz bevorzugen.

Gas
ist unverzichtbar zum Heizen und Kochen, geht aber im Winter schnell zu Ende. Bei tiefen Temperaturen ist eine 11 kg Flasche Gas bereits nach 2-3 Tagen aufgebraucht. Daher sollte unbedingt ein Euroadapter oder ein Hochdruckschlauch Typ G2 mitgeführt werden, um auch eine französische Flasche anschließen zu können. Beim Kauf von französischem Gas ist unbedingt darauf zu achten, dass es ich um Propan- und nicht um Butangas handelt; Propan ist bis -40° C und Butan nur bis -0,5° C einsatzfähig. Als kostengünstige Alternative bietet sich das Heizen über Strom mit einem Keramik-Heizlüfter an, der in jedem Campingzubehör-Fachhandel erhältlich ist.

Atlantik oder Mittelmeer
Sommer, Sonne, Sand und Meer - aber: «An welches Meer»?

Die einen zieht es an den abwechslungsreichen, naturgewaltigen Atlantik, die anderen Reisen an das warme Mittelmeer unter der südlichen Sonne. Verständlicherweise sieht jede Gruppe in ihrem Urlaubsziel das Nonplusultra und hat gegen das andere Meer oft unbegründete Vorurteile. Die Geschmäcker sind genauso verschieden, wie sich die beiden großen Küsten im Süden und Westen unterscheiden.

Über 5.000 km Küstenlänge bietet Frankreich, und kein Küstenabschnitt gleicht dem anderen. Vielfältige Landschaften, Strände, Dünen und Klippen wechseln sich ab, dazu verschiedene klimatischen Bedingungen und Urbanisationen.

Denen, die noch keines der beiden Meere besucht haben und jenen, die bis dato nur ein Meer bevorzugen, wollen wir für den nächsten Urlaub eine kleine Entscheidungshilfe geben, wenn es wieder heißt: «Wo fahren wir hin»?

Die wichtigsten Unterschiede

Das Meer

Wer von Wellen, wie in Miami und Los Angels träumt, der wird am Atlantik sein Ziel finden. An der Küste von Aquitaine finden nicht umsonst zahlreiche Meisterschaften im Surfen statt; doch die dortige Strömung und Wellenhöhe ist für Schwimmer nicht gerade ungefährlich und mit Kindern sollten nur bewachte Strandabschnitte aufgesucht werden.

Von Stürmen abgesehen, ist das Mittelmeer das ruhige «Badewasser» und von den Wassertemperaturen etwas angenehmer. Der Salzgehalt ist jedoch mit 3,8 % um 0,3 % etwas höher als im Atlantik.

Ebbe & Flut

Von diesem Phänomen spürt man am Mittelmeer nichts und bleibt vor der Überraschung verschont, dass kein Wasser da ist, wenn der Badeausflug am Nachmittag zum Strand geplant ist. Mehr dazu auf Seite 51.

Strände & Küste

Mittelmeer:

Die Küste ist durch das Rhônedelta zweigeteilt. Westlich der Rhône bis zur spanischen Grenze liegt die Küste des Languedoc-Roussillon und die Côte de Améthyste mit seichten Lagunen und Deltas. Ungefähr 200 km feinsandiger Strandstrand, dazu der katalanische Einfluss, ist im Sommer bei sonnenhungrigen Familien und Campern sehr beliebt. Kurz vor der spanischen Grenze schließt sich die 30 km lange Felsenküste (Côte Vermeille) an, die mit wundervollen Buchten und Kiesstränden aufwartet.

Vom Rhônedelta in Richtung Osten bis zur italienischen Küste erstreckt sich auf ca. 300 km die berühmte und zerklüftete Côte d'Azur mit einem wundervollen Hinterland. Nach der berühmten Klippenlandschaft «Parc national des Calanques» an der Côte Bleue wechseln sich an der Côte d'Azur zahlreiche Strände und Badebuchten ab. Das milde Mittelmeerklima, die schöne Landschaft und die mondänen Orte wie Cannes, Nizza, Saint-Tropez u.a. ziehen jedes Jahr unzählige Urlauber an diese Küste.

Atlantik:

Die facettenreiche Küste erstreckt sich vom Norden von der belgischen bis hinab zur spanischen Grenze und bietet auch in der Hauptsaison viele ruhige und menschenleere Strandabschnitte.

Lange Kies- und Sandstrände, die berühmten Kreidefelsen und die Sommebucht kennzeichnen den Abschnitt zwischen Le Havre und der belgischen Grenze. Die Normandie beginnt mit flachen Sandstränden und den historischen Landungsstränden, bevor sich die Küste im Norden und Süden auf der Halbinsel Contentin mit ihrer wilden Granitküste und einsamen Stränden mit Blick auf die Kanalinseln Guernsey und Jersey anschließt und in der Bucht des Mont-Saint-Michel endet.

Die Küste der Bretagne ist die abwechslungsreichste von allen. Im Norden mit den zerklüfteten Kaps und Badebuchten, über die Côte Granit Rose mit ihren feinen Sandstränden und bizarren Felsformationen, bis hin zur wilden Küste im äußersten Westen.

Atlantik oder Mittelmeer

Nach der Halbinsel Crozon und dem Cap du Raz schließt sich der südliche Teil mit mediterranem Flair und flachen Stränden in der Bucht von Quiberon und dem inselreichen Golf von Morbihan an und endet mit der bekannten Halbinsel von Guérande.

Zwischen der Loire- und Girondemündung wechseln sich lange Sandstrände mit Dünen, Buchten und Kiefernwäldern ab. Über Brücken sind vom Festland die beliebten und bezaubernden Urlaubsinseln Île de Noirmoutier, Île de Ré und Île d'Oléron, mit ihren vorbildhaften Radwegen und schönen Sandstränden erreichbar.

Von der Girondemündung bis zur spanischen Grenze verläuft die feinsandige und 250 km lange Küste der Biskaya mit ihrem Dünengürtel und den großflächigen Pinienwälder. Sie ist fast frei von touristischen Bausünden und ein Hotspot der Surfer-Elite ist. Im Becken von Arcachon steht die größte Wanderdüne Europas «Dune du Pyla», und unzählige Seen in unmittelbarer Küstennähe bieten ein sicheres Badevergnügen.

Klima

Das Klima zwischen Mittelmeer und der südlichen Atlantikküste von Aquitaine unterscheidet sich fast kaum. Während sich die Hitze im Sommer am Mittelmeer staut, sofern nicht der Mistral bläst, macht der leichte bis teilweise starke Wind am Atlantik den Aufenthalt im Sommer angenehmer, aber der Sonnenbrand ist dadurch bei unvorsichtiger Verhaltensweise vorprogrammiert. Auch im Frühjahr und Herbst sind nur geringe Unterschiede merkbar. Zum Norden hin, in der Bretagne, wo an einem Tag alle Jahreszeiten aufwarten können, und in der Normandie sowie im Norden Frankreichs ist das Klima gemäßigter. Einfach über eine der Suchmaschine «Klimatabelle & Ort» aufrufen, und man hat einen etwaigen Überblick.

48

Strand- & Badeurlaub – Doch wo?

Weitere Kriterien, die bei der Auswahl des Urlaubsortes beachtet werden sollten, damit es keine Enttäuschung gibt.

- **Ebbe & Flut**

  Während am Mittelmeer von diesem natürlichen Phänomen fast nichts zu spüren ist und das Wasser zum Baden & Schwimmen immer zur Verfügung steht, muss ein Urlaubsdomizil am Atlantik sorgfältiger ausgewählt werden.

  Je nach Topographie der Küste sind die Gezeiten stärker ausgeprägt. Je flacher das Ufer ins Meer abfällt, desto weiter fließt das Meer zurück. So kann man zum Beispiel in der Normandie und in der nördlichen Bretagne an den meisten Küsten nur bei Flut ins Wasser, weil es sich teilweise kilometerlang zurückzieht. Dies ist ärgerlich, wenn zum Beispiel die Kinder am Nachmittag baden möchten, das Wasser aber erst in der Nacht zurückkehrt. Im südlichen Teil der Bretagne ist durch das steilere Abfallen der Küstenzone das Schwimmen und Baden auch bei Flut möglich. Ebenso an der gesamten Küste von der Loire-Mündung bis zur spanischen Grenze.

  Eine Besonderheit weisen die vorgelagerten Inseln auf: Auf der Île de Noirmoutier, Île de Ré und Île d'Oléron bieten sich die zur Südwest-Seite gelegenen Strände auch bei Ebbe zum Baden an, wogegen auf der anderen Seite, der Nordostküste, der Gezeitenwechsel stärker zu spüren ist und sich somit für einen Badetag weniger eignet. Auch im traumhaft schönen und bekannten großen Becken von Arcachon ist von Wasser bei Ebbe nicht viel zu sehen.

- **Strömungen & Wellen**

  sind am Atlantik wie am Mittelmeer anzutreffen. Extrem stark ausgeprägt, sind sie jedoch am südlichen Atlantik ab der Gironde-Mündung an dem 250 km langen Strand der Biskaya, oder französisch «Golfe de Gascogne». Nicht umsonst tummeln sich hier die Surfer aus aller Welt und tragen hier ihre Meisterschaften aus. Aber nicht die Brandung mit ihren teils meterhohen Wellen stellen für Schwimmer die Hauptgefahr dar, sondern die nicht sichtbaren Strömungen (s. Seite 52). Trotz dieser Einschränkung ist diese fast endlose Küste, an welcher Ebbe & Flut kaum spürbar sind, durch seinen breiten, weiß- und feinsandigen Strand ein

Atlantik oder Mittelmeer

Eldorado für Strandurlauber. Ideal für Kleinkinder sind die vielen knapp 5 km entfernten großen und flachen Süßwasserseen hinter den Dünen, wie der Lac de Hourtin oder Étang de Lacanau.

- Klippen & Steine
  gibt es fast überall im Wasser. Speziell in der Bretagne werden die Felsbrocken erst bei Ebbe sichtbar, die bei Flut nicht mehr erkennbar sind und neben der Brandung zur Gefahr von Schwimmern werden können.

Camping- & Stellplätze

Frankreich, das Camperland Nummer 1 in Europa wartet an allen Küsten mit unzähligen Campingplätzen aller Kategorien auf, die an der Küste jedoch überwiegend von Mitte September bis Mai geschlossen haben. Stellplätze für Wohnmobile sind gegenüber der Atlantikküste, dem Eldorado der Wohnmobilfahrer, am Mittelmeer dünn gesät. Während an der südlichen Mittelmeerküste des Languedoc-Roussillon bis zum Rhônedelta an der Küste noch einige Plätze zu finden sind, tendiert das Angebot an Stellplätzen an der Côte d'Azur fast gegen Null; der Aufenthalt auf einem der Campingplätze ist dann unausweichlich.

Fazit

Jeder wird nach seiner Facon an einem der beiden Meere glücklich und wird einen Urlaubsort nach seinen Vorlieben finden. Eine prinzipielle Empfehlung kann man nicht geben. Urlauber, die das «echte» Meer mit Ebbe & Flut und einsame lange Strände oder Klippenlandschaften suchen, werden an der Atlantikküste ihr Ziel finden. Diejenigen, welche sich gerne unter der heißen Sonne räkeln, flache und fast wellenlose Strände bevorzugen, werden mit Sicherheit dem Mittelmeer den Vorzug geben.

Für den Familienurlaub mit Kindern eignen sich beide Meere.

Für Radfahrer und Surfer ist Aquitaine mit endlosen Radwegen und meterhohen Wellen das Nonplusultra.

Gefahren des Meeres

Ebbe & Flut

Atlantik- und Nordsee-Urlauber kennen den Gezeitenwechsel, von dem die Mittelmeer-Urlauber nichts mitbekommen. Am Atlantik werden die Gefahren immer wieder unterschätzt. Der Tidenhub (Höhenunterschied zwischen Ebbe und Flut) kann je nach Region bis zu 14 m betragen und das Meer zieht sich bis zu über 10 km bei Ebbe zurück.

Wenn die Flut kommt, ist es für Strand- und Wattwanderer schnell zu spät. Eben noch ein prächtiger Sandstrand und binnen Minuten ist nichts mehr davon zu sehen.

Wer durchs Watt spaziert, sollte rechtzeitig vor dem Einlaufen der Flut die sichere Küste erreicht haben, um vom Wasser nicht überrascht oder eingeschlossen zu werden. Gefahr droht nicht nur durch das einströmende Wasser von der Meerseite. An vielen Stellen, schon am Küstenstreifen, drückt das Meer aus dem Boden, so dass unüberwindbare Wassermassen den Rückweg blockieren.

Wir empfehlen daher, sich vor Ort einen Gezeitenkalender (»Basses mers« oder »Horaires de marée«) zu besorgen, der in fast allen Geschäften, meist kostenlos, erhältlich ist. Erkundigen Sie sich außerdem, innerhalb welcher Zeit man nach dem Tiefstand zurück sein muss. Je nach Gefälle des Meeresbodens sind hier die Zeiträume sehr unterschiedlich.

Badestrände und Warnhinweise

Während der Sommerferien (Juli-August) werden die Strände überwacht, und der Badebereich wird durch zwei blaue Fahnen begrenzt. Auf diese verschiedenen Flaggen sollten Sie achten:

Grün = Baden zugelassen
Orange = Baden gefährlich (ruhige See, starker Wind)
Rot = Baden verboten bzw. Strand nicht überwacht.

Gefahren des Meeres
Die Rippströmung - eine unsichtbare Gefahr

Der Atlantik (speziell in Aquitaine) ist für seine extremen Strömungen und den hohen Wellengang bekannt, aber das Paradies für Surfer kann für Schwimmer außerhalb der Badezonen lebensgefährlich sein. Traumhafte Strände und das blaue Meer mit schäumenden Wellen laden zum Baden und Schwimmen ein. Doch Verbotsschilder machen einen Strich durch die Rechnung und Unverständnis macht sich breit, doch das Verbot ist nicht unbegründet. Schilder, die mit dem Zusatz «DANGER COURANTS» stehen überwiegend an der Atlantikküste, dem Surferparadies südlich der Gironde. Mit «Danger Courants» ist nicht die Brandung gemeint, die selbst für geübte Schwimmer ein Problem darstellen kann, sondern es warnt vor der unsichtbaren Gefahr der Strömungen, die als Rippströmung bezeichnet wird. Auch das Mittelmeer ist keine harmlose Badewanne, hier kann die tückische Strömung zur tödlichen Gefahr werden.

Wie entsteht die Strömung?

Nachdem die Wellen mit voller Kraft auf den Strand auflaufen, wird ihr Rückfluss zurück ins offene Meer durch Sandbänke und andere Strukturen des Meeresbodens behindert. Das Wasser sucht sich für den Rückzug einen neuen Weg und dies ist meist eine enge, vom Strand unsichtbare Passage. Hier kommt es jetzt zur genannten Rippströmung, einer gebündelten sogähnlichen Rückströmung des Wassers, die eine Fließgeschwindigkeit von 2,5 m pro Sekunde erreichen kann. Je weiter sich die Strömung vom Strand ins offene Meer entfernt, desto schwächer wird sie. Sie hat meist eine Breite von 3-10 m und kann eine Länge von über 200 m erreichen, aber auch breitere und längere Strömungen können auftreten.

Ist die Strömung erkennbar?

Vom Strand ist sie nicht erkennbar. Nur ein geübtes Auge kann die Strömung von einer hohen Position (z.B. Düne) anhand des Wellenmusters und dem Meeresgrund erkennen. Im Internet kursieren diverse Ratschläge, wie man eine Strömung erkennen kann, die aber unzuverlässig sind und von denen auch Experten abraten, sich darauf zu verlassen.

Ist die Strömung immer an der gleichen Stelle?

Nein, da sich der Meeresboden und die Sandbänke ständig verändern. Selbst für Experten ist eine Vorhersage der Strömungen fast unmöglich. Jeder Strand ist unterschiedlich, dazu kommen wechselnde Wellen- und Windverhältnisse, sich verschiebende Sandbänke und vieles mehr. Oft ist die Wasseroberfläche in der Nähe von Rippströmungen trügerisch glatt und verleitet zum Baden.

Warum dürfen Surfer ins Wasser?

Surfer suchen und benutzen solche Rippströmungen, um ohne viel Kraftaufwand mit ihrem Brett aufs Meer hinaus zu gelangen.

Was tun, wenn man als Schwimmer in die Strömung gerät?

Meistens bemerken Badende die Strömung zu spät. Sie werden vom Sog gepackt und hinaus gezogen. Viele geraten in Panik und versuchen gegen die Strömung zu schwimmen. Dies sind die häufigsten Todesfälle. Daher:

- Ruhe bewahren und nicht in Panik geraten.
- Niemals versuchen gegen die Strömung in Richtung Land anzuschwimmen. Sie schaffen es nicht. Die Strömung kann eine Geschwindigkeit bis zu 9 km/h erreichen und selbst Weltrekord-Schwimmer schaffen selten mehr als 6,5 km/h.
- Lassen Sie sich mit Strömung nach draußen aufs Meer treiben und versuchen Sie, diagonal aus der Strömung heraus zu schwimmen. Meist lässt die Strömung nach 50 m nach.
- Wenn Sie sich außerhalb der Strömung befinden, schwimmen Sie, am besten mit dem Wellengang, zurück an den Strand.
- Falls Sie merken, dass Sie das Ufer nicht erreichen, winken Sie mit den Armen und rufen um Hilfe.

Warnung: Versuchen Sie nach Möglichkeit nie, einen Badenden aus der Strömung zu befreien. Ihr Rettungsversuch könnte tödlich verlaufen. Rufen Sie immer einen Rettungsschwimmer.

Gibt es die Rippströmung nur in Frankreich?

Nein, sondern weltweit, auch in Deutschland. Daher sollten die Schwimm- und Badeverbote auch befolgt werden, weil die Gefahr nicht sichtbar ist. Nicht umsonst gibt es während der Saison abgesteckte und überwachte Strandbereiche.

Gefahren des Meeres

Eigene Notizen

[6] Verkehr

Übersicht

Abweichende Verkehrsregeln   56

Tempolimits   57

Radarkontrollen   58

Parken   60

Kreisverkehr   61

Tanken   62

Maut   63

Umweltplakette (Crit'Air)   67

Panne   68

Unfall   69

Wohnmobil über 3,5 t (Besonderheiten)   71

"Toter Winkel"-Aufkleber "ANGLES MORTS"   73

Wohnwagen-Gespanne (Besonderheiten)   74

Bußgelder und Tabelle   76

Vokabeln zu Verkehrsschildern   78

Abweichende Verkehrsregeln

Im Großen und Ganzen gelten in Frankreich die gleichen Verkehrsregeln wie in Deutschland. Ausnahmen sind zum Beispiel:

- Straßenbahnen haben immer Vorfahrt.

- Im Kreisverkehr gelten teilweise andere Regeln.

- **In Paris** gilt auf der Péripherique (Ringautobahn) das «Rechts vor Links» Prinzip. Wer also auf die Péripherique auffährt, hat Vorfahrt. Staus auf der Beschleunigungsspur verursachen meist Touristen, die warten, bis eine Lücke zur Auffahrt auf die Péripherique groß genug ist, und das kann sehr lange dauern. Also Achtung: Im Umkehrschluss bedeutet dies, dass Fahrer, die sich auf der rechten Spur der Péripherique befinden, dem von rechts einfahrenden Fahrzeug Vorfahrt gewähren müssen.

- Parkverbote und -zonen werden anders angezeigt.

Des Weiteren ist zu beachten, dass mit Bußgeld zum Beispiel auch bestraft wird:

- Handynutzung, auch mit Headset
- Essen am Steuer.
- Rauchen, wenn Minderjährige im Fahrzeug sind.

Die Sonderspur "VOIE RESERVEE"

 Lassen Sie sich nicht verleiten, die mit diesem Schild oder Boden-Markierung versehene Spur zu nutzen, wenn Sie 135 EUR Bußgeld vermeiden wollen. Sie ist je nach Piktogramm nur für bestimmte Fahrzeuge reserviert.

  Zum Beispiel:
Fahrzeugen mit mind. zwei Insassen,
Fahrzeugen mit einem Zero-Emission-Sticker (darunter Elektroautos),
Taxis (auch ohne Fahrgäste),
Bussen oder anderen öffentlichen Verkehrsmitteln.

Tempolimit

Vorab: Für Fahranfänger (noch keine 2 Jahre im Führerscheinbesitz) gelten die gleichen Geschwindigkeitsbegrenzungen wie für Wohnmobile über 3,5 t !

	PKW, Motorräder, PKW mit Anhänger [1], Wohnmobile bis 3,5 t	Wohnmobile, und Fahrzeuge **über 3,5 t**	Gespanne und PKW mit Anhänger **über 3,5 t und Wohnmobil > 12 t**
Autobahn	**130** *110 bei Regen*	**110**	**90**
4spurige Fahrbahnen, wenn die Fahrbahnen, baulich getrennt sind	**110** *100 bei Regen*	**100**	**90**
2spurige Straßen	**80** [2]	**80** [2]	**80** [2]
Innerorts	**50**	**50** [3]	**50** [3]

[1] Obwohl in Frankreich für Gespanne bis 3.5 t eine Höchstgeschwindigkeit von 130 km/h gilt, sollte aus versicherungstechnischen Gründen nicht mehr als 100 km/h gefahren werden, da in Deutschland Caravans bauartbedingt nur bis 100 km/h zugelassen sind. Bei einem Unfall muss mit einer Einschränkung der Versicherungsleistung rechnen.

[2] Auch wenn innerorts eine Geschwindigkeit von 70 km/h ausgeschildert ist, gilt für Fahrzeuge über 3.5 t eine Höchstgeschwindigkeit von 50 km/h.

[3] Am 1.7.18 wurde die Höchstgeschwindigkeit auf Landstraßen auf 80 km/h herabgesetzt. Einige Departements haben durch Beschilderung die Höchstgeschwindigkeit wieder auf 90 km/h angehoben. Ist der Streckenabschnitt nicht explizit durch entsprechende Verkehrsschilder mit 90 km/h ausgeschildert, gilt Tempo 80 km/h auf Landstraßen.

Radaranlagen

Die gefürchteten Radaranlagen sind auch in Frankreich zahlreich anzutreffen. Auch wenn der Schein täuscht, so gibt es bezogen auf die Straßenkilometer in Deutschland mehr Anlagen als in Frankreich.

Viele unterschiedliche, erkenn- und nicht erkennbare, stationäre und mobile Anlagen sind jedoch in Frankreich für die Verkehrs- und Geschwindigkeitsüberwachung im Einsatz.

Neben den herkömmlichen Anlagen wird seit 2019 auch die «Mesta Fusion 2» flächendeckend eingeführt, welche laut Angaben…

- bis zu 32 Fahrzeuge auf 8 Spuren und auf einer Strecke bis zu 200 m erfasst.
- nicht nur die Geschwindigkeit misst, sondern auch erkennt, um welche Fahrzeugkategorie (PKW, LKW usw.) es sich handelt und welche Bestimmungen für diese Fahrzeuge gelten.
- den Sicherheitsabstand kontrolliert, ob rechts überholt wird oder rechtswidrig die Fahrspur gewechselt wird.
- erkennt, ob der Gurt angelegt ist, das Handy benutzt wird oder während der Fahrt gegessen wird.

Doch nicht nur diese Hightech-Anlagen überwachen den Verkehr und protokollieren die Vergehen, sondern auch die vielzähligen Videokameras, die teilweise auf Schilder- und Mautbrücken installiert sind. Dazu sind Zivilfahrzeuge der Polizei vermehrt im Einsatz.

Hinzu kommen noch die zahlreichen herkömmlichen, stationären Anlagen, welche von vorne oder hinten blitzen und teilweise dabei die Höhe zur Bestimmung des Fahrzeuges messen oder das Gewicht über Induktionsstreifen in der Fahrbahn ermitteln.

Es hat geblitzt

Meist nach der Urlaubsfahrt häufen sich in den sozialen Medien die Fragen: «Warum bin ich geblitzt worden, mein Tempo habe ich nicht überschritten?» Überwiegend sind es Wohnmobile, Vans und Caravans, die es erwischt, und es bleibt das ungute Gefühl, einen Bußgeldbescheid zu erhalten.

Ob Post aus Frankreich zu erwarten ist, erklären wir:

1. PKW
Wird ein PKW geblitzt, kann zu 99 % mit einem Bußgeldbescheid wegen Überschreitung der zulässigen Höchstgeschwindigkeit gerechnet werden.

2. Wohnmobile, Vans & Gespanne (höher als 3 m oder über 3,5 t.)
Obwohl die zulässige Geschwindigkeit für den Fahrzeugtyp eingehalten wurde, hat die Radaranlage durch die Höhenmessung (über 3 m) oder Gewichtsmessung (über 3.5 t) ausgelöst und das Fahrzeug als LKW identifiziert. Anhand des Fotos erkennen die Behörden, dass es sich bei dem Fahrzeug nicht um einen LKW handelt und prüfen die gefahrene Geschwindigkeit mit dem für das Fahrzeug zulässigem Tempolimit. Wurde das Tempo nicht überschritten ist im Normalfall nicht mit einem Bußgeldbescheid zu rechnen.
Daher müssen unter anderem die französischen Fahrzeuge über 3.5 t (auch Wohnmobile) die entsprechenden Geschwindigkeits-Aufkleber am Heck tragen.

Achtung:
In Frankreich gilt die **HALTER-HAFTUNG!** Vergessen Sie daher den Gedanken «Ich bin nicht gefahren» wenn Sie von hinten geblitzt wurden, was in Frankreich überwiegend üblich ist. Nur wenn das Fahrzeug von der Police oder Gendarmerie angehalten wird, haftet der Fahrer.
Und nicht aufregen, wenn Sie nach Toleranzabzug für einen verbliebenen, zu schnell gefahrenen Kilometer ein Bußgeld bezahlen müssen. Bußgelder sind ab dem ersten Kilometer fällig.
Von gemessenen Geschwindigkeit erfolgt ein Toleranzabzug von:
5 km/h zwischen 50 – 100 km/h bzw. 5 % bei über 100 km/h

Bußgelder werden nach EU-Recht auch in Deutschland vollstreckt. Mehr dazu im Kapitel Bußgelder.

Unser Tipp: Das Tempolimit einhalten. Die französischen Fahrzeuge auf Autobahnen sind überwiegend mit Tempobegrenzer oder Tempomat unterwegs.

Parken

 Je nach Wochentag, geradem oder ungeradem Datum, Tageszeit oder Zone der Stadt, können die Parkvorschriften variieren und statt Schildern können farbige Kennzeichnungen am Fahrbahnrand ein Park- oder Halteverbot signalisieren.

Prinzipiell besteht ein **absolutes Parkverbot** vor Krankenhäusern, Polizeistationen und Postämtern. Das Parken auf oder teilweise auf dem Bürgersteig, sofern keine Markierung auf eine Parkfläche hinweist, ist ebenso verboten.

Bodenmarkierungen auf der Straße oder am Bordstein:

GELBE Linien:

Durchgezogen am Bordstein = Halteverbot
Gestrichelt = Parkverbot

BLAUE Linien:

mit oder ohne Zusatz «Zone Bleue» = Parkscheiben-Pflicht
mit Zusatz «Horodateur»,«Stationnement payant» oder «Payant» = Zahlung am Parkautomat

Besonderheiten:

 Vom 1.-15. eines Monats ist das Parken auf der Straßenseite mit den ungeraden Hausnummern und ab dem 16. des Monats nur auf der Seite mit geraden Hausnummern erlaubt.

Auf dem Schild kann sich auch der Hinweis auf die Tage befinden: «Côté stationnement – jours pairs» (gerade Tage) oder «Côté stationnement – jours impairs» (ungerade Tage)

ARRÊT MINUTE:

 In der Nähe von Bahnhöfen, Schulen usw. ist dieses Verkehrszeichen oft zu finden und mit einem Parkverbot fast gleichzusetzen, wenn keine weiteren Angaben zur Dauer unter dem Schild wie z.B: «30 Minutes» angegeben sind. Sie werden aber auch in einigen Städten vor Ladenlokalen oder Rathäusern aufgestellt. Auf dem Bild steht es vor der Feuerwehr (Pompiers) Zufahrt (Accès).

Ein Verstoß wird mit einer Geldbuße von 135 € geahndet und das Fahrzeug kann abgeschleppt werden.

Kreisverkehr

Jeder, der schon einmal in Paris den Verkehr am Arc de Triomphe beobachtet hat, wundert sich immer wieder, dass es nicht «knallt». Doch man muss nur die Regeln beherrschen, und man wird bald merken, wie zügig es im Kreisverkehr vorwärtsgeht. Sofern keine anderen Verkehrszeichen, wie z.B. «Vorfahrt achten» oder «Stopp», an der Kreisverkehr-Einfahrt stehen, haben Fahrzeuge, die in den Kreisverkehr einfahren wollen, nach dem Rechts vor Links Prinzip Vorfahrt.

 Bei mehrspurigen Kreiseln ist besondere Vorsicht geboten. Beim Einfahren muss man links blinken, wenn man über die Hälfte im Kreisverkehr fahren will; beim Ausfahren vor der gewünschten Ausfahrt dann rechts blinken. In einem zweispurigen Kreisverkehr müssen Autofahrer, die an der nächsten oder übernächsten Ausfahrt ausfahren wollen, die rechte Spur nehmen.

Jeder Fahrer, der die innere Spur oder die linke Spur wählt, muss beim Verlassen des Kreisverkehrs den Vorrang des Fahrers respektieren, der außen auf der rechten Spur fährt. Wer zum Ausfahren nicht rechtzeitig auf die rechte Spur wechselt, muss eine Runde zusätzlich drehen, da beim Spurwechsel besondere Vorsichtspflichten gelten. Trotzdem kommt es bei einem Unfall aber fast immer zu einem Rechtsstreit. In der Praxis wird davon ausgegangen, dass der Fahrer auf der Aussenspur, sofern er keinen Blinker nach links gesetzt hat, die nächste Ausfahrt nimmt.

Unser Tipp: Wenn Sie auf der äußeren Spur fahren und an der nächsten Ausfahrt den Kreisel nicht verlassen wollen, setzen Sie zur Vorsicht den Blinker nach links, um dem Fahrer auf der Innenspur und dem einfahrenden Verkehr zu signalisieren, dass Sie im Kreis bleiben.

Achtung:

Fahrzeuge **über 3.5 t oder 7 m Länge** dürfen nur die rechte Spur benutzen

Tanken

[6] Verkehr

In Frankreich sind alle Tankstellen verpflichtet, ihre aktuellen Kraftstoffpreise zu veröffentlichen. Auf der offiziellen Website *www.prix-carburants.gouv.fr* kann man die aktuellen Preise für die jeweiligen Orte und die dortigen Tankstellen abrufen.

Am günstigsten (teilweise bis zu 10 % billiger) tanken Sie an den großen Supermärkten. Während der normalen Öffnungszeiten können Sie dort oft noch am Kassenhäuschen bar bezahlen. Die ansonsten gängigste Zahlung an Tanksäulen (Automat) erfolgt per Kreditkarte, nur teilweise wird die Maestro-Karte akzeptiert.

Achtung Wohnmobile und Gespanne

Beachten Sie speziell bei Supermarkt-Tankstellen die Durchfahrtshöhe, den Fahrbahnverlauf und die Breite. So mancher hat sich hier schon festgefahren, speziell bei der engen Ausfahrt am Kassenhäuschen.

Die Kraftstoffsorten   *(SP / sans plomb = bleifrei)*

- Diesel = Gazole / Gasoil / Diesel
- Benzin = Essence / Benzine sans plomb
- Super verbleit = Super
- Super bleifrei = SP95 (sans plomb 95)
- Super Plus = SP98 (sans plomb 98)
- Super E10 = SP95 E10

Autogas = GPL

Infos zu Autogastankstellen und Gaspreise finden Sie auf der französischen Seite: *http://stations.gpl.online.fr/appli/index.php*

Tipp bei Streiks

Streiks der Raffinerien können auch Touristen von heute auf morgen treffen. Wird ein Streik ausgerufen oder hat er bereits begonnen, sollte sofort vollgetankt werden. Ist eine längere Strecke zum Beispiel die Heimreise zurückzulegen, sollte an jeder geöffneten Tankstelle sofort nachgetankt werden, um ständig einen gefüllten Tank zu haben.

MAUT & Autobahn

Die meisten Autobahnen, sowie einige Brücken, Tunnel und Schnellstraßen sind, wie in vielen anderen Ländern auch, gebührenpflichtig und werden von etwa 18 Betreiberfirmen auf Grundlage von Konzessionen verwaltet und gewartet. Äußerst entspannt lässt es sich auf den gut ausgebauten Spuren reisen und die Rastanlagen können für manch andere ein gutes Vorbild sein. Sie sind gepflegt und die Restaurants bieten gute und günstige Speisen & Getränke an.

Bevor Sie eine gebührenpflichtige Strecke befahren, kündigt das Schild «Péage» die Mautstrecke an, damit Sie noch die Möglichkeit haben, vor Mautbeginn abzufahren, um z. B. auf einer «Route National» die Mautstrecke zu umfahren.

Mautfreie Autobahn

Kostenpflichtige Strecke (MAUT)

AUSFAHRT

Maut-Einfahrt
Ticket ziehen

Zahlstelle

Ordnen Sie sich richtig ein. Jede Spur ist mit der entsprechenden Zahlungsmöglichkeit und der Durchfahrtshöhe gekennzeichnet.

63

[6] Verkehr

Bedeutung der Schilder

Kassierer
alle Zahlungsarten

**Nur
Münzen**

**Nur
Bargeld**

**Nur
Kreditkarte**

Nur Télépéage
(Bip&Go Box)

Abonnement

Fahrzeug-Kategorien (maßgebend für die Mautberechnung)

Klasse 1	Klasse 2
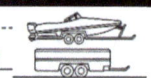	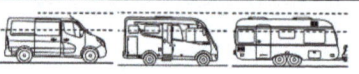
Fahrzeuge und Gespanne mit einer Gesamthöhe von weniger als oder gleich **2 m** und höchstzulässigem Gesamtgewicht **bis 3,5 t.**	Fahrzeuge und Gespanne mit einer Gesamthöhe von mehr als **2 m**, aber weniger als **3 m** und höchstzulässigem Gesamtgewicht **bis 3,5 t.**

Klasse 3	Klasse 4
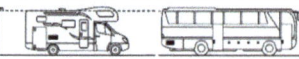	
Fahrzeuge **mit 2 Achsen**, einer Gesamthöhe von größer als oder gleich **3 m** oder höchstzulässigem Gesamtgewicht **über 3,5 t.**	Fahrzeuge mit **mehr als 2 Achsen**, einer Gesamthöhe größer als oder gleich **3 m** und höchstzulässigem Gesamtgewicht **über 3,5 t.** Gespanne mit Zugfahrzeug und einer Gesamthöhe von mehr als oder gleich **3 m** oder einem Gesamtgewicht **über 3,5 t.**

Klasse 5

   Motorrad, Motorrad mit Seitenwagen, Trike

ZAHLUNG & Zahlungsarten

Die Zahlungsarten an den Mautstellen sind vielfältig.

Zwischenzeitlich haben elektronische Systeme an den Zahlstationen auf Autobahnen und Abfahrten das Personal im Kassenhäuschen zum Großteil ersetzt. Deren Service wurde von ausländischen Touristen, Barzahler und Wohnmobilfahrer gerne genutzt.

Die Zahlung erfolgt somit entweder beim Personal, am Automaten (meist mehrsprachige Anleitung) oder durch das sogenannte «Télépéage».

An Zahlungsmitteln wird akzeptiert:
Karten: Visa - Mastercard - Visa Electron –
Die Maestro (EC-Karte) wird nur teilweise akzeptiert!
Bargeld: Banknoten von 5, 10 und 20 €; Münzen von 10, 20, 50 ct und 1 und 2 €

Télépéage / Bip&Go

Auch deutsche Urlauber können sich für wenig Geld zum Beispiel die Bip&Go-Box bestellen, sie erspart Wartezeiten bei der Mautdurchfahrt. Erhältlich bei: *www.bipandgo.com/de* Liber-t (Télépéage) lässt nur die Klassen 1, 2 und 5 zu.

<u>Achtung</u>: Fahrzeuge und Wohnmobile über 3.5 t und 3 m Höhe (Angaben laut Zulassungsbescheinigung) können Bip&Go nicht verwenden, sondern benötigen die kostenpflichtige TIS-PL Box, die über *www.tolltickets.com* erhältlich ist

Falsche Abrechnung/Klassifizierung

Während bei der manuellen Zahlung das Personal meist ein Wohnmobil mit Klasse 2 klassifiziert, wird bei den automatischen Zahlsystemen ein Mobil über 3 m Höhe automatisch in die Klasse 3 gesetzt. Nun kann man natürlich den Rufknopf drücken und dem Gesprächspartner angeben, dass es sich um ein Wohnmobil unter 3 m handelt. Hat man Glück, wird man in Klasse 2 zurückgestuft, wenn man Pech hat, kommt eine Aufsichtsperson und kontrolliert den Fahrzeugschein bezüglich Höhe und Gewicht.

Das neue Mautsystem "Flux libre" (Video-Erfassung)

In den nächsten Jahren sollen sukzessive die bekannten Mautstationen durch die digitale Kennzeichenerfassung ersetzt werden. Derzeit wurden bereits komplett bzw. teilweise die A4 (Paris - Strasbourg), A13/A14 (Paris – Caen) und A79 (Montmarault - Digoin) umgestellt.

Aufgepasst

Die mautpflichtigen Strecken sind mit Schildern mit der Aufschrift „Péage Flux Libre" gekennzeichnet. Auf der Strecke sind die bekannten Mautbrücken, aufgebaut, die bei Durchfahrt das Kennzeichen automatisch erfassen. Die Mautstellen zum Ziehen des Tickets oder zum Zahlvorgang sind hier Vergangenheit.

Die Zahlung

Die Zahlung muss spätestens **72 Stunden** nach der Durchfahrt erfolgen. Wer die Zahlfrist versäumt oder nicht zahlt, riskiert ein **Bußgeld von mindestens 90 Euro**, das auch außerhalb Frankreichs konsequent eingezogen wird.

Mautbox:

Wer bereits eine Mautbox besitzt, sollte darauf achten, dass im System das Kennzeichen registriert ist. Der Betrag wird dann wie gewohnt automatisch über das Maut-Abonnement abgebucht.

Bar oder mit Kreditkarte

Am Ende der Mautstrecke oder an Abfahrten sind an Raststätten oder Parkplätzen spezielle Zahlterminals (Bornes de paiement) installiert. Die Automaten sind mehrsprachig und nach Eingabe des Kfz-Kennzeichen kann die Maut mit Bargeld oder Kreditkarte bezahlt werden.

Via Internet

Auch diese Zahlung ist innerhalb des 72 Stunden Zeitraumes möglich, wobei jedoch jeder Autobahnbetreiber eine andere Internetadresse dafür hat.

Im "tabac" Laden,

die den Aufkleber "Nirio" an der Tür haben, kann man nach Angabe des Kennzeichens ebenso die fällige Maut bezahlen.

Umwelt-Plakette (Crit'Air)

Die deutsche Umweltplakette hat in Frankreich keine Gültigkeit!

Anfang Juli 2016 wurde in Frankreich die Umwelt- / Feinstaub-Plakette «Crit'Air» eingeführt. Beim Befahren einer Umweltzone ohne Plakette wird ein Bußgeld von 68 € und bis zu 375 € verhängt.

Die Bestellung der französischen Umweltplakette ist NUR ONLINE möglich. Dazu benötigen Sie die Daten aus Ihrer KFZ-Zulassungsbescheinigung (Kfz-Schein). Die Bestellung der Umwelt-plakette erfolgt unter offiziellen Seite *www.lez-france.fr* auf Deutsch. Sie kostet weniger als 5 €, kann alternativ auch bei deutschen Automobilclubs bestellt werden.

Es absolutes Fahrverbot für Fahrzeuge ohne Plakette gilt prinzipiell für die Zone ZCR. In den Zonen ZPA und ZPAd besteht, nur im Falle eines wegen Luftverschmutzung ausgerufenen Fahrverbotes, eine vorübergehende Vignettenpflicht.

Besteht eine generelle Vignettenpflicht?
Nein. Laut einer Umfrage aus 2019 hat nur jedes zweite französische Wohnmobil eine Plakette. Auch Touristen, wenn keine ZCR-Zonen (meist Städte) befahren werden, benötigen nicht zwingend die Plakette. Sie wird aber empfohlen, um im Falle einer Anordnung der Vignettenpflicht in der ZPA oder ZPAd Zone die Reise fortzusetzen, sofern die Fahrzeugklassifizierung (Nummer auf Plakette) die Nutzung des Fahrzeuges erlaubt.

Die Fahrzeugklassifizierung
Neben der Fahrzeugart (PKW, Wohnmobil, Bus, LKW, usw.), bestimmt auch die EURO Einstufung, das Gewicht und das Datum der Erstzulassung die Kategorie der Vignette.

Oldtimerfahrzeuge mit deutschem H-Kennzeichen erhalten in Frankreich keinen Sonderstatus und somit auch keine Plakette.

[6] Verkehr

Die Zonen

Zone ZCR (Vignetten-Pflicht!)

ist eine feste Umweltzone, wie sie in deutschen Städten auch bekannt ist und nur mit der entsprechenden Plakette befahren werden darf. Bislang wurde die Zone ZCR in der **Region Ile de France** und in den Städten **Paris, Lille, Lyon, Straßburg, Grenoble, Toulouse, Chambéry, Annecy** und **Rennes** eingeführt. Für das Befahren bzw. Durchqueren der genannten Region oder Stadt wird eine Vignette benötigt.

Zone ZPA

ist eine temporäre Umweltzone, meist im Einzugsgebiet von Städten. Schon am 3. Tag einer Luftverschmutzung können Fahrverbote ausgerufen werden und den Betrieb von Fahrzeuge auf bestimmte Vignetten beschränken.

Zone ZPAd

ist wie die ZPA eine temporäre Umweltzone, sie gilt aber für das gesamte Departement. Der Präfekt kann im Falle einer Luftverschmutzung die Vignettenpflicht anordnen und die Klassen 4 und 5 oder weitere Klassen vom Verkehr auszuschließen. Nachrichten und Hinweise in den Medien sind zu beachten.

Damit Sie immer ständig informiert sind, empfehlen wir Ihnen die App von *www.green-zones.eu*

Achtung PARIS:

Für Fahrzeuge der Kategorie 5 oder Fahrzeuge, die nicht klassifiziert sind, besteht seit dem 1. Juli 2019 in Paris ein Fahrverbot. Bis 2024 sollen alle Dieselfahrzeuge mit dem Verbot betroffen sein und bis 2030 soll das Verbot auch für Benzinfahrzeuge erweitert werden.

Panne

Landstraße & innerorts:
Warnblinkanlage einschalten, Warnweste anziehen und Warndreieck
50 m hinter dem Fahrzeug aufstellen.

Pannenhilfe über die Notrufsäule anfordern. Alternativ können Sie
auch direkt über ihren Automobilclub oder KFZ-Versicherer, falls dort
ein Schutzbrief besteht, die Pannenhilfe anfordern.

Auf Autobahnen wird es teuer – keine Pannenhilfe vor Ort
1. Im Fall einer Panne haben Sie und alle Mitfahrer das Fahrzeug
   sofort zu verlassen, alle müssen die gelbe Warnweste tragen und
   sich hinter die Leitplanke begeben.
2. Aus Sicherheitsgründen ist das Aufstellen von Warndreiecken auf
   Autobahnen untersagt; steht das Pannenfahrzeug aber auf der
   Fahrbahn und nicht auf der Standspur, muss das Warndreieck
   aufgestellt werden.
3. Hilfe kann nur über die Notrufsäule angefordert werden. Ein Anruf
   bei der Notrufzentrale bei Ihrem Automobilclub, dessen
   Vertragspartner keinen Pannendienst auf Autobahnen leisten
   dürfen, führt nur selten zum Erfolg.
4. Auf der Standspur zur Notrufsäule zu gehen, ist verboten.
5. Auf französischen Autobahnen ist die Pannenhilfe, der
   Pannendienst und privates Abschleppen strikt verboten.
6. Bis das für den jeweiligen Autobahnabschnitt zuständige
   Abschleppunternehmen eintrifft, sichert die Polizei das
   Pannenfahrzeug ab.
7. Der Abschleppdienst kommt im Normalfall innerhalb 30 Minuten.
8. Das Pannenfahrzeug wird in der Regel nur bis zur nächsten
   Werkstatt abgeschleppt. Die Abschleppkosten sind von Ihnen
   sofort zu begleichen. Die Gebühren sind gesetzlich geregelt,
   Verhandlungen sind nicht möglich.

Unser Rat:
Erkundigen Sie sich vor der Reise bei Ihrer Versicherung, in welchem
Umfang Ihr Fahrzeug durch den Schutzbrief im Ausland versichert ist
und bis zu welcher Höhe Abschleppkosten erstattet werden.

Unfall

Wollen wir hoffen, dass es nicht passiert.

Sollten Sie in Frankreich in einen Autounfall verwickelt sein, dann benötigen Sie für die Abwicklung folgende Dokumente:

- Europäischer Unfallbericht (frz. Constat amiable)
  Er ist in allen Sprachen erhältlich und sollte bei jeder Reise ins europäische Ausland mitgeführt werden. Sie erhalten ihn auf Anfrage bei Ihrer Versicherung, beim Autoclub oder als Download im Internet.
- Grüne Versicherungskarte.

Achtung:
In Frankreich kommt die Polizei nur zur Unfallaufnahme, wenn bei dem Unfall jemand einen körperlichen Schaden erlitten hat bzw. wenn der Verkehr durch den Unfall behindert wird, weil sich die Unfallfahrzeuge nicht bewegen lassen.

Bei Blechschäden sind die Fahrzeuge an die Seite zu fahren, um den laufenden Verkehr nicht zu behindern.

Nach Aufnahme des Unfalls muss der «Europäische Unfallbericht» umgehend der Versicherung zugeschickt werden, die dann die Schuldfrage auf Basis dieses Protokolls festlegt.

Prüfen Sie zur Sicherheit, am besten noch vor Ort, die Angaben zur Versicherung des Unfallgegners über den Zentralruf der Autoversicherer.

Tipp: Nicht nur die Schäden und Fahrzeuge fotografieren, sondern auch lesbar den Versicherungsaufkleber auf der Frontscheibe des französischen Unfallgegners.

Hier die wichtigsten Nummern:

ADAC: +49 89 22 22 22

ACE: +49 711 530 34 35 36

AvD: +49 69 6606 600

Zentralruf der Autoversicherer: +49 40 300 330 300.

Wohnmobile über 3,5 t
Die Besonderheiten

Andere Länder – andere Gesetze. In Frankreich werden sich Fahrer von schweren Wohnmobilen freuen, denn entgegen der deutschen Verkehrsordnung gelten für Wohnmobile über 3.5 t andere Gesetze.

So ist ein Wohnmobil, unabhängig vom Gewicht, für die «Personenbeförderung» und nicht zum «Gütertransport» klassifiziert. Und damit beginnen für den deutschen Wohnmobilfahrer die positiven Regeln, denn so muss man die unliebsamen LKW-Verbotsschilder, die in Deutschland auch Wohnmobile über 3.5 t betreffen, nicht beachten, da diese nur den Gütertransport betreffen. Zudem liegt die maximal zulässige Höchstgeschwindigkeit etwas höher als in Deutschland.

Achtung: Wohnmobil mit Anhänger
Für Gespanne gelten bei Tempolimits und der Maut-Klassifizierung andere Vorschriften, als ohne Anhänger.

MAUT (siehe Seite 63)
Über 3.5 t = Klasse 3 / Mit Anhänger (Gespann) = Klasse 4)

Nicht zulässige Fahrbahnen

Diese Fahrspuren dürfen nicht befahren werden!

Für Wohnmobile über 3.5 t und Gespanne mit einer Gesamtlänge von mehr als 7 m (Fahrzeug + Anhänger) verboten.

Tempolimits (siehe Seite 63)

	![Stadt]	![Stadt mit Linie]	Schnell-Straße los und mit höherer Höhe Trennung	![Autobahn]
über 3,5 t	50	80	100	110
Mit Anhänger oder über 12 t	50	80	90	90

Verkehrszeichen

Diese Zeichen gelten nicht für Wohnmobile über 3.5 t.
Alle Verkehrszeichen, auf denen ein LKW abgebildet ist, betreffen nur den gewerblichen Güterverkehr und keine Wohnmobile, unabhängig von den Zusatzschildern, ausgenommen «AUX CAMPING_CARS» (auch Wohnmobile)

Diese Verkehrszeichen müssen beachtet werden

und alle Verbotszeichen mit dem Zusatzschild
AUX CAMPING-CARS
(auch Wohnmobile)

Außerdem sind verständlicherweise alle Schilder zur maximal zulässigen Höhe, Breite, Länge und Achslast zu beachten.

Ausnahmen,
wenn unter einem Durchfahrtverbotsschild mit Tonnagen-Angabe folgende Zusatzschilder angebracht sind:

EN TRANSIT

Durchgangsverkehr verboten
Die reine Ortsdurchfahrt ist auch für Wohnmobile über 3.5 t verboten.
ABER: Es kann ignoriert werden, wenn man eine Straße oder z.B. einen Parkplatz im Ort erreichen will. Wer jedoch ausschließlich durch den Ort fährt, riskiert ein Bußgeld

SAUF RIVERAINS

Anliegerverkehr frei
Es kann ignoriert werden, wenn es an der Zufahrtsstraße zum Camping-oder Stellplatz steht

72

Der "Tote Winkel" Aufkleber

Gesetzliche Pflicht für alle Fahrzeuge über 3,49 t

Alle Fahrzeuge, die am Straßenverkehr in Frankreich teilnehmen, unabhängig von dem Zulassungsland, sind an die geltende französische Straßenverkehrsordnung gebunden Die Straßenverkehrsordnung richtet sich an alle Fahrzeuge über 3.49 t, unabhängig von ihrer Länge und Übersichtlichkeit.

Wir empfehlen daher allen Wohnmobilen über 3.49 t die Aufkleber "ANGLES MORTS" entsprechend anzubringen, um eine Bußgeldzahlung zu vermeiden, auch wenn keine Städte oder Orte durchfahren werden. Der Verstoß wird mit einem Bußgeld mit mind. 90 € - max. 750 € geahndet.

Dieses Warnschild ist als Aufkleber und Magnetschild, auch bei Online-Händlern, erhältlich. Von der Lösung, das Schild nur mit Saugnäpfen zu befestigen, raten wir ab; stellen Sie sich vor, das Schild wird durch den Fahrwind gelöst und landet in einem Kinderwagen, versicherungsrechtlich wird es bestimmt Probleme geben.

Mit Caravan nach Frankreich

Im Großen und Ganzen gelten in Frankreich für Gespanne die gleichen Verkehrsvorschriften wie in Deutschland und wer die in diesem Ratgeber beschriebenen Besonderheiten in Frankreich beachtet werden, kann unnötige hohe Bußgelder vermeiden.

Hier einige zusammengefasste Infos und Tipps für eine «Gute Fahrt».

Das Sicherungsseil und die Hollandöse:

In Frankreich ist die Hollandöse nicht vorgeschrieben, sollte aber, wenn vorhanden, aus Sicherheitsgründen verwendet werden.

Anhänger über 750 kg benötigen eine Bremsvorrichtung, die bei einem Bruch der Anhängerkupplung einen automatischen Stillstand des Anhängers garantiert.

Achtung: Sollte die An- oder Rückreise über die Schweiz führen, gibt es weitere und strengere Vorschriften zur Sicherung des Anhängers, die bei Automobilclubs nachgelesen werden können.

MAUT (siehe Seite 63)

Je nach Gewicht, Höhe und Anzahl der Achsen wird die Maut berechnet. Gespanne fallen unter folgende Klassen:

- Unter 3.5 t und unter 2 m Höhe = Klasse 1
- Unter 3.5 t und unter 3 m Höhe = Klasse 2
- Über 3.5 t oder über 3 m = Klasse 4

Nicht zulässige Fahrbahnen

Wird oft missachtet und kann erhebliche Bußgelder nach sich ziehen.

Diese Fahrspuren dürfen nicht befahren werden!

Wohnwagen-Gespanne **über 3.5 t** oder mit einer Gesamtlänge von **mehr als 7 m** dürfen diese Fahrbahnen nicht benutzen.

74

Tempolimits

«Hurra, hier dürfen wir mit Hänger 130 km/h fahren», so freuen sich manche deutsche Wohnwagen-Touristen in Frankreich. Aber, das ist nur zum Teil richtig und betrifft nur Gespanne unter 3.5 t. Aus versicherungstechnischen Gründen ist es empfehlenswert, nicht mehr als 100 km/h fahren, da in Deutschland Wohnwagen bauartbedingt nur bis 100 km/h zugelassen sind. Bei einem Unfall muss der deutsche Gespannfahrer mit einer Einschränkung der Versicherungsleistung rechnen!

			Schnell-Straße	
bis 3,5 t *[Bei Regen]*	**50**	**80**	**110** *[100]*	**130** *[110]*
über 3.5 t	**50**	**80**	**90**	**90**

Überladung

Auch in Frankreich kann man, meist in der Hochsaison auf Hauptrouten, in eine Gewichtskontrolle geraten und die Bußgelder sind sehr hoch.

Wo übernachten wir?

Eine Frage, die sich viele, speziell während der Hin- oder Rückfahrt, stellen, da manche Routen nicht an einem Tag zu bewältigen sind.

- Im Allgemeinen dürfen Wohnwagen-Gespanne nur Campingplätze für einen längeren Aufenthalt benutzen. Die Nutzung von Wohnmobilstellplätzen, auch für eine Nacht, ist auf 99% der Plätze nicht gestattet.

- Das Parken ist, sofern kein Campingverhalten vorliegt, kein Parkverbot besteht, der Verkehr nicht gefährdet wird und vorhandene Markierungen der Parkbucht nicht überschritten werden, für maximal sieben Tage erlaubt.

- Für eine sichere Übernachtung während der Reise beachten Sie bitte unsere Ratschläge und nutzen Sie bitte keine Rastplätze oder Rastanlagen auf oder unmittelbar an der Autobahn.

Bußgelder

Die Bußgelder sind ein ständiges Thema und «Rotes Tuch» bei vielen Urlaubern. Ständig wird sich in den sozialen Medien über die Höhe der französischen Bußgelder beschwert, die um vieles höher als in Deutschland sind; die höchsten Bußgelder verlangen nach Recherche der Automobilclubs jedoch Norwegen, Schweden, Niederlande, Schweiz und Italien.

Naturgemäß fühlen sich die meisten ertappten Verkehrssünder als abgezockt, ebenso wie die Ausländer, welche Deutschland besuchen und die Gesetze überschreiten. Nicht nur Touristen, auch die eigenen Landsleute werden zur Kasse gebeten, da macht die Radaranlage keinen Unterschied und bei allgemeinen Verkehrskontrollen werden ausländische Fahrzeuge im Normalfall seltener kontrolliert.

Nicht nur die Videoüberwachungen, auch die Hightech-Radaranlagen haben zugenommen und sie werden feststellen, dass sich die Mehrzahl der französischen Fahrer durch die hohen Bußgelder an das Tempolimit halten.

Das sollten Sie wissen:

- In Frankreich gilt die **Halter-Haftung!** Vergessen Sie daher den Gedanken «Ich bin nicht gefahren», wenn Sie von hinten geblitzt werden, was in Frankreich überwiegend üblich ist. Nur wenn Sie von der Police oder Gendarmerie angehalten werden, haftet der Fahrer. Dieses französische Recht, wird von den deutschen Behörden bei der Vollstreckung des Bußgeldes auch anerkannt.
- **Strafmandat für Essen.** Nicht nur das Telefonieren am Steuer ist verboten, sondern auch Essen, Schminken, Headsets und das Rauchen, wenn Minderjährige an Bord sind. Durch die Vielzahl der Videoüberwachung, nicht nur auf Autobahnen, werden solche «Sünder» erfasst und erhalten einen schriftlichen Bußgeldbescheid. Beißen Sie als Fahrer während der Fahrt nicht in Ihren Burger, es kann Ihnen zum Verhängnis werden. Auch diese Bußgelder werden von deutschen Behörden für die französischen Behörden eingezogen..

Vollstreckung in Deutschland

Bußgelder können nach EU-Recht auch in Deutschland vollstreckt werden. Die deutschen Behörden werden dann Ihr «Urlaubsknöllchen» eintreiben. Wer nicht bezahlt, kann mit einem gerichtlichen Verfahren rechnen. Wird das Bußgeld nicht bezahlt, droht bei erneuter Einreise die Konfiszierung des Fahrzeugs.

Bei groben Verstößen und Ahndung vor Ort (z. B. 50 % zu schnell) kann der Führerschein und das Auto direkt von der Polizei beschlagnahmt werden.

Zahlung & Besonderheiten

Wer z. B. unter 20 km/h zu schnell war und einen Bußgeldbescheid von 68 € erhält, muss bei sofortiger Zahlung nur 45 € zahlen. Dieser «Rabatt» ist auf dem Bußgeldbescheid, sofern das Bußgeld unter 100 € beträgt, vermerkt. Bei Nichtzahlung und Anmahnung kann sich der Betrag verdreifachen. Im Extremfall wird bei Zahlungsverzug bei der nächsten Einreise das Fahrzeug beschlagnahmt.

Strafzettel wegen Falschparkens

Findet man bei Rückkehr zum Fahrzeug einen Strafzettel wegen Falschparkens vor, kann dieser über das Internet unter *www.amendes.gouv.fr/portail/index.jsp* beglichen werden oder man kauft vor Ort im «TABAC»-Laden die entsprechende Steuermarke (timbre fiscal), klebt diese auf das Knöllchen und wirft sie in den Briefkasten.

Bußgeld-Klassen

Die Bußgelder sind in Frankreich in Klassen eingeteilt.

- Klasse 1   mind. 11 €   max.   38 €
- Klasse 2   mind. 35 €   max.   150 €
- Klasse 3   mind. 68 €   max.   450 €
- Klasse 4   mind. 135 €   max.   750 €
- Klasse 5   Gerichtsbeschluss

[6] Verkehr

**Auszug aus der französischen
Bußgeld-Tabelle (ohne Gewähr)**

Vergehen	Strafe
Falschparken	11 € - 135 € €
fehlende Umweltplakette	68 - 375 €
Kinder unter 10 Jahren auf dem Beifahrersitz	ab 90 €
unter 20 km/h zu schnell außerorts	68 - 450 €
defekte Beleuchtung	bis 380 €
unter 20 km/h zu schnell innerorts	135 - 375 €
zwischen 20 und 49 km/h zu schnell	135 - 750 €
mindestens 50 km/h zu schnell	bis 1.500 €
Überholverbot missachten	135 – 750 €
Navigationsgerät mit Radarwarner	bis 1.500 €
Rauchen im Auto bei Anwesenheit von Minderjährigen	68 €
Essen am Steuer	75 €
Telefonieren am Steuer, auch mit Headset	135 €
Kopfhörer oder Ohrstöpsel am Steuer tragen	135 €
Schminken am Steuer (auch an der Ampel)	75 €
ohne Warndreieck und/oder Warnweste	135 €
Handy am Steuer	135 €
ohne Gurt (pro Person)	135 €
Alkohol am Steuer (0,5 bis 0,8 Promille)	135 €
Alkohol am Steuer (über 0,8 Promille)	4.500 €, 2 Jahre Haft
Drogen am Steuer	4.500 €, 2 Jahre Haft

Übersetzung der Verkehrsschilder

Damit Anzeigen auf Verkehrstafeln und Hinweistexte auf und unter den Verkehrsschildern keine Rätsel aufgeben:

Aire de...	Rastplatz
BIS	Nebenstrecke bzw. alternative Strecke
Bouchon	Stau
Bourg	als Zusatz zum Ortsnamen = Hauptort der Gemeinde
Camion	LKW
Carrefour	Kreuzung
Centre-Ville	Stadtmitte
Chaussée déformée	schlechte Fahrbahndecke
Chaussée dégradée	Fahrbahnschäden
Déviation	Umleitung
en temps de Brouillard	bei Nebel
en temps de Neige	bei Schnee
en temps de pluie	bei Regen (Nässe)
en temps de Verglas	bei Glatteis
Feu	Ampel
Gravillon	Rollsplitt
Horodateur	Parkschein-Automat
Impasse	Sackgasse
Interdiction de stationner	Halten / Parken verboten
Interdit	Verboten
Livraison	Anlieferverkehr

[6] Verkehr

Office de tourisme	Fremdenverkehrsamt
Passage interdit	Durchfahrt verboten
Prochaine sortie	nächste Ausfahrt
Ralentir	Langsam fahren!
Rappel	Erinnerung, Mahnung
Rond-point	Kreisverkehr
Roulez au pas	Schritt fahren
Route inondable par temps de pluie	Überschwemmungsgefahr bei Regen
Sauf (z.B. Sauf Vélo)	ausgenommen (ausgenommen Fahrräder)
Serrez a droite	rechts fahren
Sortie	Ausfahrt
Sortie Usine	Werksausfahrt
Suivre	...folgen Sie...
Stationnement interdit	Parkverbot
Syndicat d'initiative	Fremdenverkehrsamt
Toutes Directions	alle Richtungen
Travaux	Baustelle
Véhicule lents	langsame Fahrzeuge
Verglas fréquent	häufig Glatteis
Y Compris	Einschließlich
Zone Bleue	Parkscheibenpflicht

 # [7] Ver- und Entsorgung

Die Entsorgungsstationen   **82**

Wasser   **84**

Strom   **84**

Gasversorgung   **85**

Die Entsorgungsstationen (Aires de Services)

«AireServices», «Euro-Relais» und «Flot Bleu» (meist im Osten) sind in Frankreich neben den Eigenbauten die gängigsten Systeme.

[7] Ver- und Entsorgung
AIRE DE SERVICE

so nennt man in Frankreich die Stationen für die Ver- & Entsorgung, die im Normalfall gut ausgeschildert sind. Nicht immer ist damit auch ein Stellplatz verbunden, so sind diese Anlagen auch oft in der Ortsmitte, oder auf kleinen Parkplätzen an der Landstraße zu finden.

Die Preise sind meist moderat, manche sind gratis, andere kosten zwischen 2 € und 4 € für ca. 100-140 l Wasser. Die V&E ist im Stellplatzpreis meist inbegriffen, wenn der Platz abgeschrankt ist. Wird ein abgeschrankter Platz nur für die V+E angefahren, ist der Betrag für die V&E am Kassenautomat zu zahlen, und die Aufenthaltsdauer ist meist zwischen 30 Minuten und 1 Stunde beschränkt.

Hinweise an der Säule (Borne de Service)

Choisissez votre côté	Wählen Sie Ihre Seite der Frischwasser-entnahme (Hahn rechts oder links).
Choisissez votre prise	Wählen Sie Ihre Steckdose.
Eau potable	Trinkwasser
Eau usées	Abwasser, Brauchwasser
Merçi de nettoyer après usage	Danke für die Reinigung nach Gebrauch
Non Eau potable	kein Trinkwasser (für WC-Spülung)
Prise	Steckdose
Push	Drücken
Rinçage eaux usées	Spülung des Bodeneinlass bzw. des Abwasserbeckens
Rinçage WC	WC-Spülung
Vidage	Ausguss, Entleerung, Abwasser
WC chemique	Chemie-Toilette (Kassetten-Ausguss)

Die Zahlung

Üblicherweise ist nur eine der drei Zahlungsarten möglich:

- **JETON** Hierfür ist eine Wertmünze erforderlich, welche im näheren Umkreis, z.B. im Tabac-Laden, in der Bäckerei oder im Office de- Tourisme erhältlich ist. Die Verkaufsstellen sind an der Säule angegeben.
- **BARGELD** Der angegebene Betrag ist in Münzen einzuwerfen.
- **KREDITKARTE** (Keine Maestro) Die gebräuchlichste Zahlungsart.

Ausstattung und Bedienung

Säule AireServices und Euro-Relais

- Grauwasser: Abfluss überwiegend über Bodeneinlass und kostenfrei.
- WC-Entleerung: An der Säule. Die Entleerung ist frei, Spülung oder Wasserentnahme nur durch Zahlung möglich.
- Frischwasser: Abgabe erst nach Zahlung. Bei zwei Frischwasseranschlüssen ist nach der Zahlung die entsprechende Seite durch Drücken des Knopfes «Choisissez votre côté» zu wählen. Je nach Station wird das Wasser durch Öffnen des Hahns oder durch ständiges Drücken eines Knopfes abgegeben.
- Strom: Sind an der Säule Steckdosen verfügbar, kann meist durch Zahlung des Pauschbetrages für 1 Stunde Strom entnommen werden. Je nach Anlage muss nach der Zahlung «Strom oder Wasser» und evtl. die entsprechende Steckdose gewählt werden.

Flot Bleu

ist ein geschlossenes System, das den Zugang zum WC-Ausguß und zur Frischwasserentnahme erst nach Zahlung durch Öffnen einer Seitentür frei gibt. Oft haben die Anlagen keinen Bodeneinlass, so dass die Entleerung des Abwassertanks nur über das Abwasser- und WC-Becken in der Säule erfolgen kann. Wenn ein Bodeneinlass vorhanden ist, ist dieser oft verschlossen und öffnet sich erst nach Zahlung. Aus unserer Sicht ist daher die Flot Bleu, je nach Bauweise, für die Grauwasser-Entsorgung ungeeignet und unhygienisch.

Unser Tipp

Desinfizieren Sie vor Gebrauch den Frischwasserhahn! Man weiß nie, ob zuvor doch jemand seine WC-Kassette darunter ausgespült hat.

[7] Ver- und Entsorgung

Wasser

Wasseranschlüsse sind oft verschieden, mit Außen- oder Innengewinde in verschieden Zollgrößen oder ohne Gewinde. Daher ist das Mitführen von unterschiedlich großen, kompatiblen Wasserhahn-Adaptern empfehlenswert. Als besonders praktisch hat sich ein mit Gummihals versehener, aufzusteckender Hahnanschluss erwiesen, der fast immer passt, auch bei Hähnen ohne Gewinde.

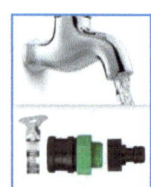

Unser Tipp: Als besonders handlich und praktisch hat sich folgende Lösung erwiesen: Einen Wassertank-Einfülldeckel mit einem ca. 3-4 m langen Faltschlauch und Kupplungs-anschluss verbinden. Kein lästiges Aufwickeln des meterlangen Schlauches und Festhalten beim Einfüllen mehr. Während das Wasser läuft, kann z. B. schon die Kassette entsorgt werden. So haben Sie Zeit und Platz gespart.

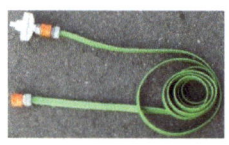

Strom

In Frankreich ist der CEE Anschluss inzwischen üblich, trotzdem findet man hier und da noch den französischen Schuko-Anschluss, wofür ein Adapter oder das abgebildete Kabel mit einem Loch für den mittleren Kontaktstift erforderlich ist.

Der Strom ist entweder im Stellplatzpreis inbegriffen oder es wird eine Pauschale von üblicherweise 3 €/Tag berechnet. Ansonsten sind an den V&E Säulen ca. 2-3 € je Stunde zu zahlen. Auf Campingplätzen wird der Preis je Tag und nicht nach kw/h abgerechnet.

Das Mitführen einer CEE-Mehrfachsteckdose oder eines CEE-Verteilers ist empfehlenswert, da sich oft mehrere Wohnmobile auf Stellplätzen eine Steckdose teilen.

Gasversorgung

Ohne Gas geht beim Camping nichts, außer man hat alles auf Strom umgestellt. Im Winter verbraucht die Heizung am meisten, im Sommer dagegen der Kühlschrank.

Das Dilemma: Deutsche Gasflaschen können in Frankreich nicht gefüllt oder getauscht werden. Was tun, wenn tatsächlich der Gasvorrat zu Ende geht?

Glücklich ist, wer eine Tankflasche oder einen Gastank hat. Anderen ist zu empfehlen, zur Sicherheit den Adapter «Euro-Set» oder den Spezial-Hochdruckschlauch (G2) zum Anschluss der frz. Flaschen für SecuMotion, DuoComfort, MonoControl CS oder DuoControl CS mitzuführen, um im Notfall eine französische Flasche anschließen zu können.

Französische Gasflaschen gibt es in Frankreich an jeder Tankstelle, im Bau- und Supermarkt und am Campingplatz. Es sind Leihflaschen, für die man beim erstmaligen Kauf eine kleine Gebühr entrichten muss. Den Beleg sollte man gut aufbewahren, um den Betrag bei Flaschenrückgabe wieder zurückzuerhalten. Die Flasche kann bei jedem Händler (Supermarkt oder Tankstelle), der die Marke führt, zurückgegeben werden. Ansonsten wird die leere Flasche, wie bei uns, einfach wieder gegen eine volle getauscht.

Die bekanntesten Marken sind Butagaz, Antargaz und Primagaz, die es fast an jeder Tankstelle gibt. Meistens wird von den frz. Wohnmobilfahrern die silber-blaue Propangasflasche von Butagaz verwendet. Die Stahlflasche hat eine 13 kg Füllung, wiegt ca. 27 kg brutto, ist 60 cm hoch und misst 31 cm im Durchmesser.

Achtung: Die Flasche gibt es auch in ganz Blau und enthält dann Butan-Gas, welches jedoch nur bis -0,5° C einsatzfähig ist.

Gas ist fast 30 % teurer als in Deutschland. In Deutschland kostet die 11 kg Flasche ca. 20 €, die 13 kg Flasche in Frankreich ca. 33 €.

[7] Ver- und Entsorgung

Eigene Notizen

[8] Wohnmobil-Stellplatz-Informationen

Übersicht

Allgemeines   **88**

Freistehen – Parken – Campen   **89**

Wo übernachten wir auf der Hin- & Rückreise   **90**

Campingverhalten – Die Kriterien   **91**

Stellplatzformen (Die Unterschiede)   **92**

Alternativen zum Stellplatz   **92**

Zugangssysteme   **94**
Bedienung der Schrankensysteme und Automaten

Stellplatzführer & Apps   **101**

Hinweis:
In diesem Ratgeber geben wir keine Stellplatz-Tipps. Ständig sind Veränderungen möglich und jeder stellt andere Anforderungen an einen Platz; denn was dem einen gefällt, muss nicht für den anderen Urlauber gelten. Dazu ist es ärgerlich, wenn es den empfohlenen Platz am Tag der Anreise nicht mehr gibt oder er sich zu seinem Nachteil verändert hat. Auf unserer Webseite geben wir jedoch Stellplatz-Tipps.

Allgemeines

Welches Land in Europa bietet mehr Stellplätze für Wohnmobile als Frankreich? Der französische Stellplatzführer «Campingcar-Infos» listet insgesamt über 9200 Plätze auf, der bekannte Stellplatzführer «Campercontact» knapp 4.500 Plätze, davon ca. 300 am Meer und «Park4Night» (unsere Empfehlung) verzeichnet sogar über 20.000 Plätze.

Die Bretagne ist das Eldorado für Wohnmobilfahrer. Nach Campercontact gibt es dort über 460 Stellplätze, wovon ca. 110 Plätze am Meer liegen und in fast jeder zweiten Gemeinde findet nach Park4Night einen Platz.

Für alle, die das Meer lieben und in unmittelbarer Nähe zum Wasser stehen möchten, sei gesagt, dass an der Atlantikküste vom südlichen Ende der Bretagne bis zur nordspanischen Grenze laut Campercontact über 100 Stellplätze zu finden sind.

Viele zieht es im Sommer an das Mittelmeer, doch hier sind die Aussichten nicht so rosig, einen Stellplatz zu finden. Vom Rhône-Delta bis zur spanischen Grenze werden ca. 25 Plätze am Meer und in östliche Richtung an der berühmten Côte d'Azur nur 12 Stellplätze von Campercontact aufgelistet.

Speziell an der Côte d'Azur sind Wohnmobile nicht so gerne gesehen, daher werden Parkplätze oft mit «Stationnement Camping-Car interdit» ausgeschildert oder abgeschrankt. Hier bleibt nur der Weg auf einen Campingplatz oder auf einen Stellplatz im Hinterland.

Die Preise

sind weiterhin moderat, obwohl sie die letzten Jahre bedingt durch die Stellplatzübernahme von Betreibern und Zunahme der «weißen Flotte» ebenfalls gestiegen sind. Je nach Platz, Betreiber und Ausstattung liegt der Preis auch in der Hochsaison selten über 15 € incl. Strom und Entsorgung und einige Stellplätze haben je nach Saison unterschiedliche Preise. Viele kommunale oder geduldete Stellplätze sind heute noch kostenfrei, so dass nur ein kleiner Obolus für die Ver- & Entsorgung zu zahlen ist.

Die Ausstattung

Wie fast überall, so findet man inzwischen auch in Frankreich unterschiedlich ausgestattete Stellplätze mit verschieden Zugangs- und Zahlsysteme.

Manche Kommunen wandeln zum Beispiel die alten Camping-Municipal Plätze in Wohnmobil-Stellplätze um, wobei teilweise die Sanitäranlagen erhalten bleiben. So kosten solche tollen Plätze nur 10 - 14 € je Tag incl. Strom, V&E, Dusche, WC und zum Teil mit freiem WiFi (Wlan).

Andere Plätze verfügen lediglich über eine Entsorgungsstation und eine kostenpflichtige Stromsäule, weitere hingegen über einen Stromanschluss an jedem Platz und WiFi. Als Untergrund ist Asphalt, Kies oder Rasen üblich. Bei einigen Plätzen sind die Stellflächen eingezeichnet und nicht größer als eine Parkbucht (Kuscheln ist angesagt), bei anderen wiederum sind die Parzellen größer und teilweise durch Hecken getrennt.

Die von einigen Touristen gewünschten Einrichtungen wie WC und Dusche sind auf französischen Plätzen eigentlich unüblich und werden nach Umfragen der französischen Wohnmobilzeitschriften auch nicht gefordert; die Mehrzahl ist mit einem kostengünstigen Platz mit Ver- & Entsorgung voll zufrieden. Touristen, die solche Ausstattungen und große Parzellen suchen, sollten auf einen Campingplatz ausweichen.

Frei Stehen – Parken - Campen

Die Werbung zeigt es immer wieder und es ist der Traum eines fast jeden Wohnmobil-Reisenden: Zwanglos und «frei» inmitten der Natur oder am Meer zu stehen. Doch geht es wirklich?

Grundsätzlich gilt, sofern die Gemeinde keine besonderen Regeln für Wohnmobile erlassen hat oder Verbotsschilder für Wohnmobile (z. B. Camping-Car interdit) oder andere Maßnahmen, wie Abschrankungen, das Parken verhindern dass dort **ohne Campingverhalten** getrost geparkt und übernachtet werden darf.

[8] Wohnmobil-Stellplatz-Informationen
Wo übernachten wir?

Eine Frage, die sich viele speziell während der Hin- oder Rückfahrt stellen, da manche Routen nicht an einem Tag zu bewältigen sind.

Übernachten Sie NIE auf einem Rastplatz an der Autobahn. Es ist zwar bequem, der Platz liegt am Weg und Parken/Übernachten ist erlaubt, aber vermeiden Sie es zu Ihrer eigenen Sicherheit europaweit – nicht nur in Frankreich. Überfälle und Einbrüche in Freizeitfahrzeuge finden zum Großteil an Rastanlagen statt, denn die Täter sind über die Autobahn schnell verschwunden. Oft bauscht die Presse Überfälle auf Urlauber in Frankreich, Spanien, Italien usw. gerne auf, sie finden aber genauso oft an deutschen Autobahnen statt, speziell auf den Hauptrouten und während der Hauptreisezeit.

Egal ob Wohnmobil oder Caravan, es darf überall unter Berücksichtigung der Straßenverkehrsordnung in Frankreich geparkt und im Fahrzeug übernachtet werden, sofern kein entsprechendes Verbot besteht, die Bodenmarkierungen beachtet werden und kein Campingverhalten vorliegt.

Wohnmobile haben es gegenüber Caravans einfacher. Neben dem normalen Parkplatz oder Campingplatz stehen den Wohnmobilen die Wohnmobilstellplätze zur Verfügung. Wir empfehlen für die Übernachtung, die Autobahn zu verlassen und in einen Ort zu fahren, um dort auf einer öffentlichen Fläche z. B. am Sportplatz, Friedhof oder Marktplatz zu parken und zu nächtigen. Im Ort sollte man auf die Beschilderung achten, um nicht am nächsten Morgen von der Gendarmerie zu früher Stunde geweckt zu werden, weil Markttag ist.

Gewerbe- oder Industriegebiete (als ZA oder ZI beschildert) eigenen sich zur Not auch als Übernachtungsplatz am Straßenrand, sofern der Schwerverkehr oder Grundstückszufahrten nicht beeinträchtigt werden.

Nicht statthaft, aber oft praktiziert und stillschweigend vom Grundstückeigentümer geduldet ist das nächtliche Parken auf einem nichtöffentlichen Grundstück, z. B. eines Supermarktes.

Investieren Sie die Mehrkilometer zu einem Übernachtungsplatz – Ihrer Sicherheit zuliebe.

Campingverhalten

Beim «Frei Stehen» ist das Campingverhalten prinzipiell untersagt. Dazu zählt, wenn:

- Stühle oder Tische vor dem Fahrzeug aufgestellt werden oder
- die Markise ausgefahren oder ein Vorzelt aufgebaut ist oder
- das Kochen und Grillen im Freien oder
- die Stützen zur Standsicherheit des Fahrzeugs oder Caravans ausgefahren sind oder
- das Fahrzeug auf Auffahrkeilen steht, oder
- das Caravan-Stützrad ausgefahren ist, oder
- der Caravan vom Fahrzeug abgekoppelt oder
- bei einem Kastenwagen das Hochdach ausgefahren ist.
- die Satellitenschüssel ausgefahren ist, ist für einige Gesetzeshüter ein Indiz für das Campen.
- Bodenmarkierungen nicht beachtet und/oder die eingezeichnete Parkfläche überschritten werden.

Laut Gesetzgebung muss das Fahrzeug eigenständig auf seinen «4 Rädern» direkt und ohne Auffahrkeile oder Stützen auf dem Boden stehen.

In Küstennähe kann es in der Saison (ab ca. Juni bis Anfang September) vorkommen, dass Sie von der Polizei aufgefordert werden, den Platz zu verlassen, wenn es sich um einen reinen PKW Parkplatz oder um eine freie Fläche am Strand handelt.

Oftmals finden Sie unter dem Ortseingangsschild den Hinweis «Reglement Camping-Car», welches bedeutet, dass es im Ort bestimmte Vorschriften für das Abstellen von Wohnmobilen gibt, die beim «Office de tourisme» oder im Rathaus (Mairie) zu erfragen sind.

Auch Zusatzschilder können z. B. das Parken zwischen 21-9 Uhr für Wohnmobile verbieten.

Wer also will, kann das ganze Jahr über in Frankreich freistehen.

In Paris ist jedoch das Übernachten im Wohnmobil auf öffentlichen Straßen und Plätzen verboten.

Die Stellplatzformen

Vom einfachen Parkplatz, der als Stellplatz gekennzeichnet ist, findet man in Frankreich vorrangig folgende Stellplatzformen:

Municipal

Hier handelt es sich um von der Gemeinde verwaltete Stellplätze, die vom einfachen Parkplatz bis zum campingplatzartigen Stellplatz reichen. Die Zahlung erfolgt über einen Park- oder Kassenautomat an einer Schranke und zum Teil wird die Gebühr noch durch einen Bediensteten der Gemeinde am Morgen oder Abend kassiert.

AirePark

nennen sich Stellplätze, die teilweise über eine Webseite reserviert werden können und vom traditionellen Hersteller «AireServices» mit dessen Serviceanlagen und Zahlungsautomaten ausgestattet sind. Es handelt sich hier meist um gemeindeeigene Stellplätze.
www.aireparkreservation.com/aires-camping-car

Camping-Car Park

ist eine französische Betreibergesellschaft, die sich inzwischen stark verbreitet hat und ehemalige Stellplätze von den Gemeinden übernommen hat. Laut Umfragen sind sie bei fast der Hälfte der französischen Wohnmobilfahrer unbeliebt, da die Preise der ehemaligen kostenfreien oder günstigen Stellplätze nach der Umrüstung und Übernahme teilweise bis auf 15 € gestiegen sind. Die Zufahrt erfolgt durch ein Schrankensystem und im Preis ist die Ver- & Entsorgung, Strom und teilweise WiFi enthalten. Die erstmalige Registrierung und Ausgabe der Kundenkarte erfolgt am Kassenautomat (auch Online auf Frz. oder Engl. möglich), nach Angabe von Name und Adresse, Mobilrufnummer, E-Mail-Adresse und Kreditkartendaten. Für die weitere Nutzung muss die Kundenkarte immer neu aufgeladen werden. Die Reservierung eines Stellplatzes vor der Anreise ist möglich. *www.campingcarpark.com*

Vor dem Camping-Platz «Stop Accueil»

«Stop Accueil Camping Car» heißen die Plätze vor etwa 500 Campingplätzen. Für meist 8-14€ bieten sie einen Stellplatz mit allen Annehmlichkeiten für 1 Nacht (Anreise ab 18h, Abreise bis 10h) an.

Alternativen zum Stellplatz

Als Alternative zu den vorgenannten Stellplätzen bieten sich in Frankreich mehrere Möglichkeiten für Wohnmobilfahrer an:

- Camping Municipal (Gemeindeplätze)
  unsere Empfehlung s. Seite 105

- Campingplätze der großen Betreiber

- Camping à la ferme (beim Landwirt), hier gibt es:

  a) «Bienvenue à la Ferme» Hier bieten über 6.000 Landwirte Stell- und Campingplätze an.. *www.bienvenue-a-la-ferme.com*

  b) «France Passion» Fast 2.000 Landwirten und Winzern gehören diesem System an und stellen einen Stellplatz zur Verfügung. Hierfür ist jedoch die kostenpflichtige Jahresvignette von France Passion erforderlich. *www.france-passion.com/de*

- Campen im privaten Garten
  Privatleute stellen hier einen Stellplatz auf ihrem privaten Gelände zur Verfügung. Mehr dazu auf Seite 106

- Frei Campen

93

Die Zugangs- und Zahlungssysteme
der verschiedenen Anlagen

[A] Seite: 96

[B] Seite: 98

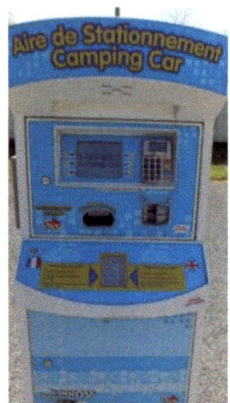
[C] Seite: 99

[D] Seite: 100

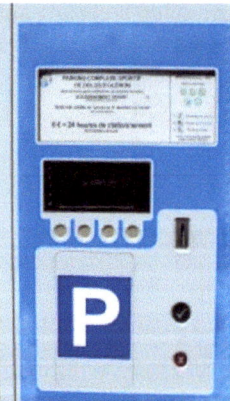
[E] Seite: 101

[F] Seite: 107

[G] Seite: 101

Hinweis: Die Grundbedienung ist fast immer identisch, und für den Zahlungsvorgang können Sie die Anleitung von Beispiel A übernehmen.

94

Die Zugangs- und Zahlsysteme

Nur noch auf wenigen Stellplätzen wird man morgens oder abends von einem Bediensteten der Gemeinde aufgesucht, der bei einem netten Plausch die Stellplatzgebühr kassiert.

Nicht die Personalkosten sind das Hauptübel, sondern die Wohnmobilfahrer, die bei Kenntnis der Zahlungszeiten, spät abends den Platz angefahren oder am frühen Morgen vor Zahlung den Platz verlassen haben.

Heutzutage sind fast alle Plätze mit einer Schrankenanlage mit Kassenautomat ausgerüstet, der dazu aus Sicherheitsgründen nur Kreditkarten und kein Bargeld annimmt. Inzwischen sind die neuen Systeme mehrsprachig. Alle Anlagen sind fast immer mit einem Bildschirm, einer Eingabetastatur und mit einem zweiten Zahlungsterminal mit separater Tastatur und Kreditkartenschacht ausgerüstet. Sie sind aber nicht immer einfach zu bedienen; selbst Franzosen stehen manchmal ratlos davor.

Wundern Sie sich nicht, wenn auf der Anzeige an der Einfahrt «Complet» oder «0 Placement» (keine Plätze frei) steht, obwohl augenscheinlich Stellplätze frei sind. Die Systeme geben Plätze erst nach dem Verlassen und Ablauf der Parkzeit frei. Freie Plätze entstehen, wenn Wohnmobile, deren Parkzeit noch läuft, z. B. auf Tour sind und wiederkommen.

Bei einigen neuen Automaten muss daher bei Eingabe des Ausfahrt-Codes angegeben werden, ob man den Platz vorübergehend (Code bleibt weiterhin gültig, man kann wieder auf den Platz fahren) oder den Platz endgültig verlässt (Code wird danach gelöscht und der Platz wird freigegeben).

95

[8] Wohnmobil-Stellplatz-Informationen

[A] Das verbreiteste und älteste System
Bedienung nur auf Französisch

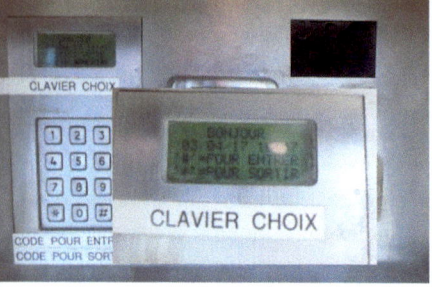

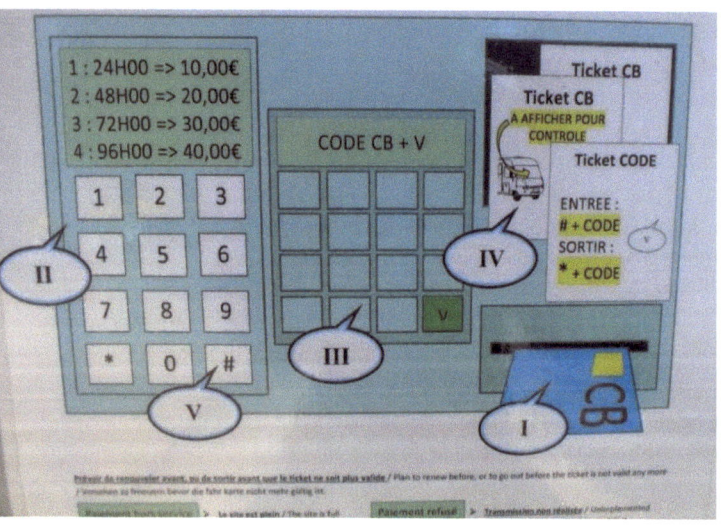

[8] Wohnmobil-Stellplatz-Informationen

Anleitung: (siehe Abbildungen links)

Das System hat 2 Tastaturen mit dazugehöriger Anzeige: Der linke Bereich ist für die Eingabe der Tage und des Einfahrt- und Ausfahrt-Codes zum Öffenen der Schranke. Die rechte Tastatur mit Kreditkateneinschub wird für die Zahlung genutzt.

I. Visa oder Mastercard unten rechts einführen.

II. Auf «Clavier Choix» (Tastaur links) die Anzahl Tage eingeben. (maximal Tage und Preise sind im linken Display angegeben)

III. Auf dem mittleren Display über «Clavier Paiment» erscheint meistens <fr> für französisch und <en> für englisch, keine Auswahl treffen! Einfach mit grüner Taste [V] bestätigen.

IV. Im Display erscheint «Payment» oder «Code».
Nur wenn «Entrez le Code» erscheint die Geheimzahl und [V] eingeben, ansonsten nichts tun. Kreditkarte erst bei Anzeige «**Retirer la carte**» entnehmen, nicht vorher, da sonst der Zahlungsvorgang abgebrochen wird.

V. Warten bis 2-3 Belege aus dem Ausgabefach kommen.
1 Beleg sichtbar hinter die Windschutzscheibe legen
1 Beleg enthält den Ein- und Ausfahrt-Code
1 Beleg ist der Kreditkartenbeleg, wird aber je nach
    System nicht immer ausgedruckt.

Ein- und Ausfahrt

Eingabe auf der linken Tastatur:
Einfahrt: [#] + Code   Ausfahrt: [*] + Code

Sie wollen verlängern?

Vor Ablauf der Parkzeit Eingabe auf der linken Tastatur «Clavier choix» eingeben: [#] + Code. Anschließend den Anweisungen wie bei der1. Zahlung (s. oben) folgen.

Die Parkzeit wird ab der Uhrzeit verlängert, an der das Ticket abläuft. Sie verlieren also keine Parkzeit.

[8] Wohnmobil-Stellplatz-Informationen

[B] Identisch mit System [A]

Diese 2 Systeme sind mehrsprachig, jedoch mit anderer Anordnung und besserem Display:

Beide Systeme sind von der Anwendung identisch mit dem Bespiel A

Sie bieten jedoch ein größeres Display in der Mitte, mit Sprachauswahl – oft auch in Deutsch.

Einfach den Anweisungen auf dem Bildschirm folgen und bezüglich der Zahlung die entsprechende separate Tastatur nutzen.

Die Anleitung von Beispiel A kann übernommen werden.

Die Code-Eingabe zum Öffnen der Schranke erfolgt an der Schranke selbst.

Das Fahrzeug bis zur Schranke vorfahren.

Code + [#] eingeben. Vertippt? Dann mit [*] zurück

[D] Modernes System mit QR-Code
moderne Anlage, mehrsprachig (auch Deutsch)

ATTENTION

Pour toutes sorties définitives il est impératif de scanner votre ticket. Faute de quoi un forfait 5 jours de 38,00 € pourrait vous être prélevé sur votre compte.

Hinweise:

Das System zeigt, wie teils andere auch, die freien Plätze an. Geben Sie bei der Ausfahrt daher aus Sicherheitsgründen nie «definitiv» an, wenn Sie innerhalb Ihrer gebuchten Zeit auf den Platz zurückkommen wollen, ansonsten wird Ihr Zugangscode ungültig und der Platz freigegeben.

Der Hinweis auf dem gelben Schild (s. Bild) besagt:

Scannen Sie beim endgültigen Verlassen unbedingt Ihr Ticket. Ansonsten könnte Ihr Konto mit dem 5-Tages-Paket von 38 € belastet werden.

Besonderheit:
- Das Gerät wird für die Ein- u. Ausfahrt nur aktiviert, wenn das Fahrzeug direkt vor der Schranke steht.
- Statt einem Code, erhalten Sie einen QR-Ausdruck. Er wird für die Ein- und Ausfahrt eingelesen.
- Wie bei allen Systemen ist eine Verlängerung ohne Ein- u. Ausfahrt über das Display mit dem QR-Code möglich.
- Ansonsten ist die Bedienung identisch mit den anderen Systemen.

[8] Wohnmobil-Stellplatz-Informationen

[E] Der Parkschein-Automat

Die einfachste Lösung. Nimmt teilweise statt Karte auch Bargeld an. Den angegebenen Betrag (24 Stunden) bezahlen, Ticket entnehmen und hinter die Windschutzscheibe legen.

[F] Per Videoerfassung

Hier wird bei der Zufahrt das Kennzeichen per Video erfasst. Die Schranke öffnet sich bei der Anfahrt automatisch.

Oft können solche Plätze tagsüber für einen gewissen Zeitraum kostenfrei genutzt werden.

Fahren Sie innerhalb der freien Zeit auf den Platz und verlassen diesen innerhalb dieses Zeitraumes wieder, erfolgt keine Berechnung und die Schranke öffnet sich bei der Ausfahrt.

Bei der Einfahrt wurden Zeit und Kennzeichen erfasst. Bleiben Sie länger, müssen Sie vor der Ausfahrt am Zahlautomat (meist mehrsprachig) Ihr Kennzeichen eingeben. Ihre Aufenthaltsdauer und Parkgebühr wird dann berechnet. Die Zahlung erfolgt durch Kreditkarte. Nach erfolgter Zahlung öffnet sich die Schranke automatisch, wenn Sie vor die Schranke fahren.

[G] Camping-Car-Park

Beim erstmaligen Besuch ist eine Kundenkarte (Etappenpass) für einmalig 5 € zu erwerben, die der Automat ausstellt, nachdem alle Daten (Name, Anschrift, Mobilfunk-Nummer und E-Mail) eingegeben wurden und die Kundenkarte mit dem Betrag per Kreditkarte aufgeladen wurde.
Ansonsten erfolgt die komplette Menüführung auf Deutsch. Im Preis sind meist WLAN, Strom und die VE eingeschlossen.

Stellplatzführer

Buch, App und Web

Stellplatzführer gibt es als Buch, App und Online-Version von vielen Anbietern mit großen Unterschieden. Hauptsächlich beschränken sich die deutschen Führer auf die deutschen Stellplätze und zeigen nur einen Bruchteil der französischen Plätze auf.

Buchform

Bei Buchausgaben ist es auf alle Fälle wichtig, dass der Stellplatzführer aktuell ist und die Ausgabe dem Reisejahr entspricht, denn die Veränderungen mit Zu- und Abgängen und Preis-änderungen sind enorm. Nichts ist ärgerlicher, als wenn ein Platz angefahren wird, den es gar nicht mehr gibt.

Wir empfehlen die französischen Stellplatzführer, die fast in jedem Supermarkt oder Zeitschriftenhandel erhältlich sind:
- «Le Guide national des Aires de Services» **(weißes Buch)**
  sehr übersichtlich, einfache Handhabung, nur französische Plätze
- «Le Guide officiel Aires des Services Camping-Car» (grünes Buch)
  sehr komplex, Gesamteuropa, unpraktische Stellplatzsuche

Stellplatz-Apps

Ob für PC, Tablet oder Smartphone, Stellplatzfinder und Apps gibt es inzwischen fast wie Sand am Meer. Viele davon haben ihre Daseinsberechtigung, manche ähneln sich, einige zeigen viele, andere wieder weniger Stellplätze auf oder nur Plätze mit Ver- und Entsorgung, und so weiter und so fort.

Unsere subjektive Erfahrung hat gezeigt, dass sich die aufgeführten Apps (einschließlich der Websuche) in der Praxis als zuverlässig und aktuell erwiesen haben und die meisten Plätze aufzeigen.

- Park4Night (Web & App)
- Campercontact (Web & App)
- Campingcar-infos.com (nur Web)

Die Apps der deutschen Anbieter wie zum Beispiel von Promobil, ADAC, oder andere sind ebenso zuverlässig, auch wenn sie nicht die Vielzahl der Plätze in Frankreich anzeigen.

[8] Wohnmobil-Stellplatz-Informationen

Eigene Notizen

[9] Campingplatz-Informationen

Frankreich - das Campingland

Allgemeine Informationen	**104**
Camping Municipal	**105**
Die Alternativen	**106**

Allgemeine Informationen

Über 11.000 Campingplätze erwarten Sie in Frankreich, dem größten Campingland in Europa. Dabei sind alle Sterne-Kategorien vertreten. Wer keinen großartigen Luxus und Animation erwartet und preiswert campen will, besucht die «Camping Municipal» (Gemeindeplätze) oder die Alternativen.

Die Campingplatzpreise beginnen in der Vorsaison ab ca. 13 € und enden in der Hauptsaison bei ca. 80 €, je nach Stellplatz und Kategorie.

Die überwiegende Zahl der Campingplätze öffnet meist zu Ostern und schließt im September. Ganzjährig geöffnete Campingplätze sind je nach Region noch ausreichend zu finden, die Angaben finden Sie in Ihrem Campingführer.

103

Das sollte man wissen

- Zahlreiche Ausstattungen wie Schwimmbad, Restaurant usw. sind meist nur während der Saison, von Mitte Juni bis Anfang September, geöffnet.

- Die Strompreise bewegen sich im Mittel zwischen 3 € und 5 € je Tag. Wir empfehlen das Mitführen eines Adapters (Seite 88).

- Wenn der Gasvorrat zur Neige geht, kann bei den meisten Plätzen eine Flasche gemietet werden. Für den Anschluss der französischen Flasche wird der Adapter «Euro-Set» oder der Spezial-Hochdruckschlauch «G2» zum Anschluss an SecuMotion, DuoComfort, MonoControl oder DuoControl benötigt. (Seite 88)

- Finden Sie auf dem Campingplatz das Schild «Inondation par temps de grosse pluie», dann besteht bei starkem Regen Überflutungsgefahr. Dies ist meist im Landesinneren und in Flussnähe der Fall.

- In den Schwimmbädern sind Boxer- oder Bermudashorts verboten, und Frauen müssen oft eine Badekappe tragen.

- Freunde der freien Körperkultur finden auch in Frankreich ausreichende FKK Campingplätze und Strandabschnitte.

- Der Campingplatzführer in Buchform sollte immer aktuell sein. Empfehlenswert sind auch die zum Buch analogen Apps.

- Wer nicht unbedingt auf die Hochsaison (Juli/August) angewiesen ist, dem empfehlen wir die ACSI Karte (Ermäßigungskarte für bis zu 50%).

Camping Municipal

Die preiswerte Alternative

Camping municipal Camping de la Pointe 85330 L'HERBAUDIERE   © Frankreich-Mobil-Erleben.de

Vielen genügt ein schöner Platz mit Sanitäreinrichtungen, Strom und Entsorgung. Sie verzichten, aus unterschiedlichen Gründen, auf die reichhaltigen Angebote und Animationen luxuriöser Campingplätze.

Camping Municipal sind kommunale Campingplätze, die von der Gemeinde betrieben werden. Über 2.000 Plätze gibt es in Frankreich und über die Hälfte davon sind als 2- und 3-Sterne-Plätze klassifiziert. Die Plätze sind teilweise einfach gestaltet, liegen aber oft an sehr schönen Stellen am Meer, an Seen oder Flüssen. Das Preis-Leistungs-Verhältnis ist sehr gut: In der Vor- und Nachsaison zahlt man selten über 15 € (Platz incl. zwei Personen und Strom), und selbst in der Hauptsaison sind Campingplätze unter 25 € zu finden.

In den deutschsprachigen Campingführern sind leider nicht alle aufgeführt. Selten betreiben sie eine eigene Homepage und sind oft nur unter der Webseite der Gemeinde zu finden. Hinzu kommt, dass eine Online-Reservierung fast nicht möglich ist und einige Plätze auch keine Reservierungen annehmen.

Plätze finden Sie auf der französischen Webseite unter:
www.camping-municipal.org/

Die Alternativen

zu traditionellen Campingplätzen

Man könnte sagen: «Frankreich ist das Land der unbegrenzten Möglichkeiten für Camper». Neben den unzähligen Camping- und Stellplätzen sind drei weitere Varianten zu finden.

Camping à la Ferme (Camping auf dem Bauernhof)

Wer seinen Aufenthalt auf einem Bauernhof vorzieht, hat auch in Frankreich eine sehr große Auswahl. Die Höfe bieten meist neben ihren hofeigenen Erzeugnissen auch traditionelle Speisen & Getränke an. Land und Leute lernt man auf diese Art am besten kennen.
Ein Verzeichnis findet man auf der französischen Webseite *www.bienvenue-a-la-ferme.com*

Campen im privaten Garten

Hier stehen Sie überwiegend ruhig in einem privaten Garten mit Blick auf das Meer oder die Berge, vielleicht auch in einem Schlosspark mit Pool. Strom und Entsorgung, WC und Dusche sind nicht selten und Sie profitieren immer von den zahlreichen Insidertipps der freundlichen Gastgeber. Ein gewisser Luxus, der nicht teuer sein muss; die Plätze beginnen bereits bei 5 € / Tag und sind eine ideale Alternative für alle, die das Außergewöhnliche suchen.

Ohne Reservierung geht es aber nicht. Wählen Sie den Platz vorab auf der Webseite aus. Die Buchung kann nur nach erfolgter Registrierung auf der Seite von *www.Homecamper.com* erfolgen; erst danach erhält man die Anschrift und Rufnummer des Gastgebers. Die Seite wird nur in Französisch und Englisch angezeigt.

Parallel zum oben genannten Homecamper-System gibt es zwischenzeitlich einen zweiten Anbieter. Bei Gamping wählt man den Platz auf einer Karte aus, bekommt alle Daten, wie Preise, Service, Freizeitmöglichkeiten und den Kontakt zum Grundstückseigentümer genannt, um beim Gastgeber eine direkte Reservierungsanfrage zu stellen.
Die Webseite ist auf Deutsch: *www.gamping.de/*

[10] Freizeit-Aktivitäten

Den Freizeitmöglichkeiten sind in Frankreich, je nach Region, keine Grenzen gesetzt. Alle und dazu ausführlich aufzuführen, würde den Rahmen des Buches sprengen, daher beschränken wir uns auf die überwiegend von Urlaubern beliebten Aktivitäten.

Übersicht

Radfahren   **108**

Wandern   **111**

Wassersport   **113**
Surfen, Wind- & Kitesurfen, Tauchen, Kanu & Kajak, Segeln & Motorboot

Angeln   **115**

Fußfischen   **116**

Boule   **118**

Golf   **119**

Reiten   **119**

Parks & Zoos • Schlösser & Dörfer   **120**

Radfahren

Vorab: In Frankreich gelten die gleichen Sicherheitsvorschriften für Fahrräder wie in Deutschland.

Aber:

- Für Kinder bis zwölf Jahren besteht Helmpflicht.
- Bei schlechtem Wetter und ab Einbruch der Dunkelheit müssen Radfahrer eine gelbe Warnweste tragen.
- Zwei wichtige Ausdrücke sollten Sie sich merken:
  a) SAUF Velo (ausgenommen Radfahrer)
  b) AUX Velo   (auch Radfahrer)

Frankreich verfügt über ein sehr dichtes Fahrradwegenetz. Radwegekarten sind in fast jedem «Office de tourisme» erhältlich oder im Internet zu finden. Einfach in die Suchmaschine, gefolgt vom Namen der Region oder des Departements, eingeben: «véloroutes» oder «voies vertes» oder «piste cyclable» Bsp.: »piste cyclable Normandie«

Man unterscheidet hierbei die

- «Veloroutes» Es sind Fernradwege, die nicht nur auf Radwegen, sondern auch an oder auf Straßen entlangführen können.
- «Voies Vertes» (Grüne Routen). Sind die schönsten Routen, denn Sie führen auf gesicherten Radwegen durch die Region, meist abseits aller Straßen, durch Wiesen, Wälder, Felder und am Meer, oder an Flüssen oder Kanälen entlang. Sie eignen sich besonders gut für Familien und kleine Radtouren bis ca. 60 km. Diese Strecken führen auch schon einmal über unbefestigte Wald- und Feldwege, sind aber immer besonders reizvoll. Es macht einfach Spaß auf diesen abwechslungsreichen Strecken zu fahren, und kein Kilometer ist langweilig.
- Auch viele stillgelegte Eisenbahnstrecken wurden zwischenzeitlich als Fahrradwege ausgebaut. Einen Überblick gibt z.B. die Internetseite*www.bahntrassenradeln.de*

Viele Informationen zum Radfahren und Radstrecken finden Sie auf unserer Webseite und auf *www.francevelotourisme.com*

Radfahren an der Atlantikküste

Die Atlantikküste, vor allen Dingen ab der südlichen Bretagne, bietet sich für familienfreundliches und steigungsarmes Radfahren auf den «Voies Vertes» an. Fast alle Strecken führen abseits der Straßen durch die bezaubernde Landschaft.

Die vorgelagerten Inseln sind das reinste Fahrrad-Paradies.

Auf der kleinen, idyllischen «Île de Noirmoutier» sind über 80 km Radwege angelegt, auf der mondänen «Île de Ré» sind es ca. 110 km und über die Nachbarinsel «Île d'Oléron» führen mehr als 180 km schöne Routen.

Ebenfalls sehr familienfreundlich und ohne nennenswerte Steigungen geht es südlich der Gironde, in den Departements Gironde und Landes, auf sehr gut ausgebauten Radwegen durch Wälder, Dünen und am Meer entlang.

In der Bretagne ist z.B. der Radweg entlang des Nantes-Brest-Kanals besonders zu empfehlen. Ansonsten sind in der Bretagne die ausgeschilderten Radtouren überwiegend auf kleinen und wenig befahrenen Straßen zu absolvieren, die hier und da, speziell im Landesinneren, mit einem welligem bis steilen Profil aufwarten.

Am Mittelmeer

sind die «Voie Verte» leider nicht so zahlreich wie am Atlantik, aber auch hier und da kann man schöne Radtouren unternehmen.

[10] Freizeit-Aktivitäten

Im Landesinneren

Speziell im Umfeld von Kanälen und Flüssen, zum Beispiel im Burgund, an der Seine, Loire, oder am Kanal de Midi werden dem Freizeitradler zahlreiche leichtbefahrbare und schöne «Voie Verte» angeboten.

Darf es etwas länger sein?

Wer lange Radtouren oder einen Radurlaub plant, dem empfehlen wir folgende Strecken, die sich auch für kurze Etappen eignen:

* Der Loire-Radwanderweg von der Quelle bis zur Mündung. Mit fast 700 km Länge auf den «Veloroutes» und «Voies Vertes» geht es entlang der Loire vorbei an prachtvollen Schlössern und weiteren Sehenswürdigkeiten. Die Strecke ist eine Fahrradreise wert.

* Vom Atlantik zum Mittelmeer führt der ca. 500 km lange «Voie Verte», entlang am Ufer der Garonne und dem Canal du Midi. Oft im Schatten von majestätischen hundertjährigen Bäumen radelt man entspannt von Bordeaux bis Sète.

* Von Monaco bis zur spanischen Grenze verläuft der EuroVelo 8 auf 850 km Länge durch bezaubernde mediterrane Landschaften.

* Wem es immer noch zu kurz ist, kann den längsten Fernradweg «Vélodyssée» (EuroVelo 1 – Atlantikroute) mit einer Länge von ca. 2.630 km in Angriff nehmen, der von Roscoff im Norden der Bretagne bis nach Irun an die spanischen Grenze führt.

Doch lieber die Berge?

Sportlich ambitionierte Radsport-Enthusiasten und Mountainbiker ziehen andere Strecken als ein Freizeitbiker oder Familien vor.

Beliebt ist das Nachfahren der Tour de France Strecken, vorzugsweise in den Alpen, in den Pyrenäen oder im Zentralmassiv, deren Steigungen und riskante Abfahrten auf den schmalen Straßen nicht nur die entsprechende sportliche Kondition, sondern auch fahrerisches Können und Beherrschen des Bikes erfordern. Der Buchhandel bietet zu diesem Thema zahlreiche Bücher an, und im Internet sind umfassende Informationen vorzufinden.

Familienfreundliche «Voies Vertes» sind in diesen Regionen selten oder gar nicht zu finden.

Wandern

Wer inmitten der teils atemberaubenden Fauna und Flora die Ruhe und Natur genießen möchte, findet in Frankreich die schönsten und abwechslungsreichsten Wanderwege Europas. Mehr als 120.000 Fernwanderwege (GR) und unzählige regionale Wanderrouten, führen durch 11 französische Nationalparks, 51 regionale Naturparks, und andere malerische Landschaften in den Bergen, an der Küste und an Flüssen entlang oder vorbei an Sehenswürdigkeiten, wie Schlösser und Burgen. Wer alles bewandern möchte, auf den warten rund 180.000 km Wanderwege, vorbei an drei Küsten und über fünf Gebirgsketten.

Die großen und bekannten Wanderrouten sind zum Beispiel:

- Der berühmte Jakobsweg
  Viele Routen führen durch Frankreich nach Compostela in Spanien. Aus allen Richtungen, vom Norden, Osten und Süden, folgen nicht nur die Pilger, auch Wanderer auf Teilabschnitten dem wegweisenden Muschelsymbol.

- Der Pyrenäen-Wanderweg GR 10
  Das Trekkingziel schlechthin, dass das Herz eines jeden Wander-Freaks höher schlagen lässt. Der legendäre und atemberaubende 850 km lange Fernwanderweg entlang des Pyrenäen-Kamms verbindet den Atlantik mit dem Mittelmeer. Pässe mit mehr als 2000 Metern Höhe und Gipfel von knapp 3000 Metern müssen bewältigt werden. Egal ob man den Weg in ganzer Länge oder nur in Teilabschnitte bewandert, die Landschaft, das Panorama und Naturerlebnis bleiben grandios.

- Der bei Frankreich-Urlaubern bekannteste Wanderweg ist der GR 34 (Grande Randonnée 34). Der Zöllnerpfad (Sentier des douaniers) zählt mit seinen knapp 2.000 Kilometern zu den längsten und schönsten Wanderwegen Frankreichs. Vom Mont-Saint-Michel im Norden verläuft er entlang der gesamten bretonischen Küste, vorbei an Buchten, Klippen und Leuchttürmen, bis in den Süden nach Nantes.

Aber auch in den Alpen, im Zentralmassiv, in den Vogesen und auf Korsika sind, vom kleinen Rundkurs bis zu mehrtägigen Routen auf Fernwanderwegen, traumhafte Strecken durch die Natur zu finden.

Doch aufgepasst:
Trotz der Vielzahl von Wanderwegen empfehlen viele Wander- und Reiseführer oft die gleichen Wanderweg-Etappen. So verwundert es nicht, dass touristisch sehenswerten Wege überlaufen sind, weil ein Pulk von Menschen, wie auf der Fußgängerzone einer Einkaufsmeile zur Weihnachtszeit, unterwegs ist. Wer nicht mit der Masse laufen und seine Ruhe haben möchte, sollte eine alternative Route wählen oder die Strecke außerhalb der Saison bewandern. So gehört zum Beispiel trotz seiner Schönheit ein Teilabschnitt des GR 34 (Zöllnerpfad) um Perros Guirec in der Bretagne dazu.

Gegenüber anderen Ländern mit einem ausgebauten Wandernetz sollte man jedoch beachten, dass in Frankreich ein einmal angelegter Wanderweg nicht mehr geändert wird, auch wenn es zwischenzeitlich schönere Alternativen und Wege gibt. Manche Wege sind fast nicht mehr als Wanderweg erkennbar, gleichen eher Trampelpfaden oder enden vor einem Privatgrundstück. Erschwerend kommt hinzu, dass bei älteren Wegen oft die Markierungen fehlen oder sogar widersprüchlich sind.

Daher unser Tipp: Verlassen Sie sich nicht nur auf die Ausschilderungen. Vor allen Dingen in den Bergen und teils unendlichen Waldgebieten sollten Sie stets neben einem Kompass eine sehr gute Routenbeschreibung und detaillierte Wanderkarte mit sich führen.

Neben den «Office de tourisme» bietet auch der deutsche Buchhandel für jede Region eine große Auswahl an Wanderführern an, dazu sind im Internet unzählige Berichte und Erfahrungen zum Thema Trekking in Frankreich zu finden.

Wassersport

Die Möglichkeiten sind in Frankreich, einer der größten Wassersportnationen, fast unbegrenzt, ob am Meer, See oder Fluss.

Surfen

Frankreich ein Surfer-Paradies? Die eingefleischten Surfer wissen das; Anfänger denken jedoch beim Surfen zunächst einmal an Hawaii. Dass Frankreich seit Jahren ein Surf-Spot ist, an dem sich jährlich auch die Weltelite trifft, wissen die wenigsten.

An der 200 km langen Küste, von der Gironde bis zur spanischen Grenze, findet man paradiesische Strandabschnitte zwischen Lacanau und Hendaye mit der besten Wellengarantie Europas im Sommer.

In Hossegor und Umgebung treffen sich im Herbst die besten Surfer der Welt für eine der vielen, dort ausgetragenen Meisterschaften. Ein jährliches Spektakel mit TV-Übertragungen, Public Viewing, Partys und allem was dazu gehört. Selbst die deutschen Meisterschaften werden in diesem Gebiet ausgetragen.

Die Hotspots für Surfer sind die Strandabschnitte (von Nord nach Süd): Lacanau-Plage, Carcans-Plage, Moliets-Plage, Mimizan-Plage, Vieux-Boucau, Hossegor, Capbreton, Saint-Jean-de-Luz und Hendaye.

Neben den Topbedingungen für Surfer bieten diese Orte zahlreiche Campingplätze, Surfschulen, Boardverleih, Shops für Surfzubehör und zahlreiche Lokale. Anfänger sollten jedoch zuvor eine der Surfschulen oder eines der Surfcamps besuchen. Der Atlantik mit seinen Wellen und Strömungen ist hier keineswegs zu unterschätzen.

Windsurfen

ist fast an allen Küsten und auf Seen möglich.

Kitesurfen

Nicht nur an den berühmten Hotspots an der Küste, wie Lacanau, Hossegor, Capbreton, Anglet, Biarritz, Gien, Hyères, Gruissan und Leucate, auch im Landesinneren, z. B. am «Lac du Der-Chantecoq», lässt es ich ausgezeichnet kitesurfen.

Stand Up Paddling

ist überall auf dem Wasser möglich.

Tauchen

egal, ob Sie Wracks, Korallen, Unterwasserfauna und -flora, Höhlen oder die Unterwasserfotografie vorziehen, in Frankreich werden Sie fündig.

An der Nord- und Westküste und den Landungsstände liegen zahlreiche Schiffswracks, die aber erfahrenen Tauchern mit einem Niveau vergleichbar CMAS 2 oder sogar 3 vorbehalten bleiben. Mit Sicherheit werden Sie aber einen Buddy als Tauchgangführer in einem der lokalen Tauchclubs finden.

Ziel vieler Taucher ist das Mittelmeer, auch wegen den küstennahen großen Wassertiefen. Hotspots sind die berühmten Wracks wie das U-Boot Le Rubis und die Donator, die Steilwände wie Pampelonne und Sardinaux, oder die Felsformationen wie «Le Tunnel» und «Roch Qui Roll», sind sehr beliebte Ziele.

Korsika mit seinem kristallklaren Wasser und reichem Unterwasser-Kosmos, wovon größere Teile der Unterwasserwelt unter Naturschutz stehen, gilt als das Taucherparadies schlechthin.

Kanu und Kajak

Möglichkeiten bietet Frankreich en masse, nicht nur die Ardeche oder die Verdon-Schlucht. Von Niveau 1-6 bieten alle 6 Bergmassive reichlich Strecken an.

Aber auch die großen Flüsse und das Tausende Kilometer lange Kanalnetz bietet Gelegenheit zum Wasserwandern. Als sehr sehenswert hat sich die Tour auf der Dordogne, dem Lot und der Loire erwiesen, aber auch die Bretagne, das Burgund, der Canal du Midi und andere lassen sich mit dem Kanu und Kajak erkunden.

Segeln

Vorab: Nach unseren Informationen ist in Frankreich kein Segelschein erforderlich und auch die Verleiher verlangen keine Vorlage eines entsprechenden Nachweises. Wir empfehlen jedoch eindringlich, dass nur erfahrene Segler mit Schein und Erfahrung sich auf das Meer wagen sollten.

Segeln steht in Frankreich hoch im Kurs, dass beweisen auch die zu Hauptsendezeiten im Fernsehen übertragenen berühmten Regatten wie die «Vendée Globe,» die «Route du Rhum» oder die «Transat Jacques Fabre». An der Atlantikküste ist Praxiserfahrung erforderlich.

Wind. Strömungen, schnelle Wetterwechsel, Tiden und Riffs verlangen vom Steuermann alles ab. Ruhiger lässt es sich auf dem Mittelmeer segeln, wenn nicht gerade der Mistral oder Tramontane zur Freude der Surfer bläst.

Motorboot

Boote unter 5 m Länge und 6 PS sind generell führerscheinfrei, ebenso Hausboote auf den Kanälen, sofern dies der Charterbetrieb bestätigt. Ansonsten ist je nach Gebiet der Sportbootführerschein Binnen oder See als gültiger internationaler Bootsschein unbedingt erforderlich.

Angeln

ist eine Leidenschaft der Franzosen. Überall sitzen oder stehen sie mit ihren Ruten, an Flüssen und Bächen, an Seen und am Meer. Doch darf man entgegen den deutschen Bestimmungen einfach ohne Angelschein die Angel ins Wasser halten? Ja und nein, denn es gibt unterschiedliche Vorschriften.

Angeln am Meer

Das Angeln vom Strand aus ist ohne besonderen Angelschein erlaubt, jedoch nur mit einer Rute, die mit maximal zwei Haken ausgestattet ist. Des Weiteren dürfen keine trächtigen Weibchen geangelt werden und die vor Ort geltenden Bestimmungen zu den Fischarten, Mengen und Mindestmaßen sind einzuhalten, die beim «Office de tourisme» oder im Rathaus (Marie oder Hôtel de Ville) erhältlich sind.

Angeln an Binnengewässer (Flüsse, Bäche und Seen)

Hier wird es etwas komplizierter. Die Gewässer in zwei Kategorien eingeteilt, die die Anzahl der Routen, Angelzeiten und Fischarten festlegen, und die jeweils unterschiedlichen örtlichen Vorschriften zu beachtet sind.

Ein Angelschein für Binnengewässer ist prinzipiell vorgeschrieben. Dieser kann auch vor Ort in Geschäften für Anglerbedarf, in Sportgeschäften und teils im Tabakladen für einen entsprechenden Ort oder Bezirk, als Tages-, Urlaubs- oder Jahresschein erworben werden.

Prinzipiell darf nur 30 Minuten vor Sonnenaufgang bis 30 Minuten nach Sonnenuntergang und nicht im Umkreis von 50 Metern von Fischtreppen, Staudämmen und Schleusen geangelt werden.

Fußfischen (Pêche à pied)

Es ist fast ein Volkssport an der Küste, das im Volksmund sogenannte Fuß- oder Gezeitenfischen. Speziell am Atlantik gehört das Fußfischen zu einer beliebten Freizeitbeschäftigung, und sicherlich haben Sie so manche Fußfischer schon gesehen. Bei Eintritt der Ebbe, wenn das Meer Boden und Steine freilegt, marschieren sie los, einzeln oder in Gruppen. In Gummistiefeln und mit Eimer, Netz, Harke, Messer und Schaufel bewaffnet begeben sie sich auf die Suche nach den Köstlichkeiten des Meeres.

Meeresschnecken, Muscheln und Krebse sollen bis zum Eintreffen der Flut in ihre Eimer wandern, um sie anschließend zu Hause mit Genuss zu verzehren. Selbst gefangen schmeckt schließlich besser. Auf traditionelle Weise werden sie aufgebrochen, ausgelutscht und natürlich von Hand gegessen.

Jeder darf sich zwar prinzipiell in Frankreich aus dem Meer bedienen, aber aufgepasst, einige Regeln gibt es zu beachten. In jeder Region gibt es für das «Pêche à pied» genaue Vorschriften, was und wie viel von jeder Art, mit welchen Mindestgrößen gesammelt werden darf. Außerdem gibt es Schutzzonen, in denen das Fußfischen verboten ist. An beliebten Sammelstellen findet man dafür am Strand entsprechende Hinweisschilder, ansonsten erhält man die Vorschriften im Rathaus oder im Touristenbüro. Oft sind sie auch auf Campingplätzen ausgehangen oder liegen in Geschäften, wie z. B. für Marine-Zubehör, aus. Wer sich nicht daran hält und wild sammelt was er findet, kann mit hohen Strafen rechnen.

Doch nun zum Fußfischen. Nicht die Ausrüstung ist das wichtigste, sondern ein geübtes Auge. Die schmackhaften Meeresfrüchte liegen nicht einfach auf dem Meeresboden und warten auf Sie, sie müssen gesucht werden. Nur die Jakobsmuschel und die an Steinen und Algen klebende Strandschnecke ist einfach zu ernten. Die anderen Muscheln sind im Sandboden zu finden, aber einfach zu graben, bleibt meistens ohne Erfolg.

Zunächst gilt es kleine Löcher, die Atemlöcher der Muscheln, im Boden zu finden; jede Muschelart hinterlässt auf dem Boden ihr eigenes Muster. Nun wird geharkt und gegraben. Manche bedienen sich bei der Schwertmuschel mit einem Trick und streuen Salz auf die Löcher. Die erhöhte Salzkonzentration gaukelt der Muschel vor, dass das Meer zurück ist, und lockt sie nach oben. Mit einem schnellen und geübten Griff gilt es nun, die Muschel fest zu ergreifen und aus dem Sand zu ziehen.

Krebse, Hummer und Austern warten unter Steinen, Felsbrocken und kleinen Höhlen auf die Flut. Steine werden vorsichtig aufgehoben und umgedreht, in der Hoffnung einen Krebs oder Hummer zu finden. Ob fündig oder nicht, jeder Stein muss genau so vorsichtig wieder exakt an die ursprüngliche Position gelegt werden, wo er sich befand.

Je nach Region und Geschmack des Fußfischers ist das Beuteschema unterschiedlich. Manch gelöste Schnecke findet nicht immer den Weg in den Sammeleimer, sondern landet bei Eingefleischten direkt im Mund.

Bevor man sich als Neuling auf die Suche macht, sollte man sich genau über die Gezeiten erkundigen und auf andere einheimische Fußfischer achten. Schon so mancher hat vor lauter Tatendrang die Flut zu spät bemerkt. Und bitte nicht wahllos einsammeln, was man findet. Jede der Köstlichkeiten hat einen anderen Geschmack. Man sollte also vorher schon einmal gegessen haben, was man erntet, bevor die Muschel dann im Müll landet. Abzuraten ist auch von Gegenden rund um Hafengebiete und Abwassereinleitungen, hier können die Meeresfrüchte sogar gesundheitsschädlich sein.

Während der größten Gezeitenunterschiede (bei Voll- oder Neumond), sind die Fangquoten am größten. Dann haben Sie als Fußfischer Gesellschaft; Einheimische bevölkern in Massen den Meeresboden.

Ob Sie was fangen oder nicht, es ist ein Erlebnis.

Boule

Ein Spiel, für welches man nicht viel benötigt, das fast überall gespielt werden kann und der Kommunikation und dem Miteinander förderlich ist. Es wird auf einem Dorfplatz unter Platanen bei einem Glas Wein ebenso gerne gespielt, wie auf dafür angelegten Bahnen, die in fast jedem französischen Ort zu finden sind. Es ist nicht nur ein Sport für «alte Männer», Frauen und Männer jeden Alters begeistern sich für diesen Sport.

Boule oder Pétanque

Boule ist der Oberbegriff für diese Kugelsportart und wird im Volksmund von den Franzosen teilweise auch verwendet, obwohl der reguläre Name PÉTANQUE lautet. Der kleine und doch bedeutende Unterschied:

- Boule wird von einer Abwurfline aus gespielt, und der Spieler geht beim Wurf in die Hocke.
- Bei Pétanque (pieds tanqués = geschlossene Füße) wird die Kugel aus dem Stand, ohne Anlauf und aus einem Abwurfkreis heraus geworfen.

Der Geschichte nach entstand Pétanque im Jahr 1910. Jules Le Noir, aus der Provence, war es wegen seines Rheumas nicht mehr möglich, am athletischen Boulespiel teilzunehmen, da er nur noch sitzend spielen konnte.

Sie benötigen:

3 Boulekugeln (Stahl) pro Spieler und 1 Zielkugel (Holz)

Ziel des Spiels

Ein Spieler wirft die Zielkugel ca. 6-10 m weit. Die anderen werfen der Reihe nach abwechselnd ihre Kugeln so nah wie möglich an die Zielkugel heran. Gewonnen hat, dessen Kugel am nächsten an der Zielkugel liegt.

Die genauen Regeln werden Ihnen Ihre Mitspieler sicherlich erklären.

Golf

Die Entscheidung, auf welchem der über 500 Golfplätze, vom 6 bis 36 Loch, Sie putten möchten, müssen Sie selbst treffen. Ob hoch über dem Meer auf den Kreideklippen der Normandie, am Mittelmeer, am Atlantik oder lieber vor den Toren von Versailles. Mehrere Regionen Frankreichs sind bereits in den Hitlisten der weltbesten Golfregionen in den Top-Ten platziert.

Vergessen Sie nicht Ihren Clubausweis mit eingetragenem Handicap. Viele der Golfplätze verlangen ein Handicap von 35, manche auch von unter 30!

Selbstverständlich gibt es neben den renommierten Clubs auch Golfplätze, auf denen Sie ohne Clubausweis und Handicap Ihren Driver schwingen dürfen.

Reiten

Frankreich ist ein Pferdeland. Beinahe jeder größere Ort verfügt über eine Pferderennbahn und tägliche Pferdewetten stehen auf der Tagesordnung.

Ein dichtes Netz von über 18.000 km Reitwege durchziehen das Land, und in zahlreichen Reiterhöfen warten die Pferde auf Ihren Reiter.

Wenn Sie nur gelegentlich reiten wollen und Ihr eigenes Pferd nicht mitnehmen, wenden Sie sich bitte an das «Office de tourisme»; hier erhalten Sie sämtliche Adressen der Reitställe und Informationsmaterial.

Achten Sie auf «Centre de Tourisme Équestre». Diese Auszeichnung haben Reitställe erhalten, die sich besonders auf Reitferien bzw. Reittouristik spezialisiert haben. Sie bieten nicht nur gut ausgebildete Pferde, sondern auch professionelle Reitlehrer mit entsprechender Lizenz stehen zur Verfügung.

Bei mehrtägigen Wanderausritten achten Sie auf «Cheval Étape». Diese Höfe nehmen für mindestens eine Nacht fremde Pferde auf.

Parks ♦ Zoos ♦ Schlösser ♦ Dörfer

Frankreich ist reich an Kulturdenkmälern und Museen. Eine Vielzahl historischer und mittelalterlicher Dörfer, pompöser Schlösser, intakten Festungen und Burgen, Kathedralen, Kirchen und Klöster katapultieren Sie zurück in die Vergangenheit. Und für das Freizeitvergnügen runden unzählige Freizeitparks und Zoos das Programm ab.

Les Plus Beaux Villages de France

«Die schönsten Dörfer» werden sie genannt. 156 Orte wurden mit diesem Label ausgezeichnet und erfüllen strenge Kriterien. Sie müssen unter anderem über denkmalgeschützte Gebäude mit einem historischen Erbe verfügen. Diese Orte sind wirklich sehenswert, und man sollte sie in seine Urlaubsplanung einbeziehen, sofern sie auf der Route oder im Feriengebiet liegen. Neben unserer Webseite sind alle mit Karte und Beschreibung auf *www.beauxvillages.com* aufgeführt.

Ville Fleurie

Jeder Frankreich-Urlauber hat das Schild schon unter dem einen oder anderen Ortseingangsschild gesehen. Wie bei uns die «Schönsten Dörfer» gekürt werden, können sich seit 1959 Orte bewerben, um mit der Anerkennung von 1 bis 4 Blumen ausgezeichnet zu werden.

Kirchen & Klöster

Über 50 berühmte Kathedralen stehen in Frankreich (u.a. in Paris, Amiens, Rouen, Strasbourg, Chartres, Reims), dazu unzählige Kirchen und Klöster. Sie alle aufzuzählen würde wie bei den Schlössern jeden Rahmen sprengen. Mit Sicherheit steht eines der Bauwerke auch in Ihrem Urlaubsgebiet oder auf der Reiseroute.

Schlösser

sind neben Versailles in unzähliger Zahl mit ihren Prachtbauten und weitläufigen Parkanlagen nicht nur im Loiretal zu finden. Zahlreiche Bücher, Reiseführer und Webseiten widmen sich diesem Thema. Informieren Sie sich vor der Reise oder vor Ort im «Office de tourisme».

Wenn das Loiretal auf Ihrer Reisestrecke liegt, legen Sie einen Zwischenstopp ein und besuchen Sie eines der über 100 sehenswerten Schlösser wobei das Château Chambord, Chenonceau, Blois oder Villandry zum «Pflichtprogramm» gehört.

Burgen

sind auch für Kinder immer ein Erlebnis. Viele unzerstörte Bauten bieten im Tal der Dordogne eine traumhafte Aussicht. Und im Burgund können Sie teilhaben, wie eine mittelalterliche Burg in Guédelon mit der Technik aus jener Zeit erbaut wird.

Zoos

ob kleine, große oder Safariparks, sie sind fast überall zu finden. Die Eintrittspreise in französischen Zoos sind jedoch höher als bei uns. Im Gegensatz zu Deutschland werden alle Zoos privat geführt und erhalten keine öffentlichen Zuschüsse von Stadt oder Land. Wer den Zoo aber öfter als zweimal im Jahr besucht, steht sich finanziell besser, eine Jahreskarte zu kaufen.

Besonders sehenswert sind:

Zoo Beauval (Centre-Val de Loire)
Dieser Zoo ist die Nummer 1 in Frankreich, er gehört zu den Top 10 weltweit und wurde 2013 zum besten Zoo Europas gekürt.

Zoo Palmyre bei Royan (Aquitaine)
ist der meistbesuchte Zoo Frankreichs.

Zoo d'Amnéville bei Metz (Grand Est)

Reserve Africaine Sigean bei Narbonne (Okzitanien)
Ein Safaripark auf 300 Hektar.

Parc des Oiseaux Villars-les-Dombes (Auvergne-Rhône-Alpes)
3.000 Vögel auf 35 Hektar mit einer tollen Vogelshow.

[10] Freizeit-Aktivitäten

Aquarien

Mit ca. 5.000 km Küstenlänge ist die Vielzahl der Aquarien in Küstennähe nicht verwunderlich. Zu den sehenswerten zählen:

Nausicaä in Boulogne-sur-Mer (Hauts-de-France)

La Cité de la mer in Cherbourg (Normandie)

Océanopolis in Brest (Bretagne)

Aquarium von La Rochelle (Aquitaine)

Ozeanografisches Museum Monaco (PACA)

Parks

Nicht nur Disneyland hat Frankreich zu bieten. Viele weitere Freizeitparks mit und ohne Fahrgeschäfte sind in jeder Region zu finden. Von allen sind besonders zwei hervorzuheben, die besucht werden sollten:

Puy-du-Fou in Les Epesses   *www.puydufou.com*
Der mehrfach ausgezeichnete «*Beste Themenpark der Welt*» ist das beliebteste Ausflugsziel Frankreichs mit über 2 Mio. Besuchern. Ein Park ohne Achterbahn und sonstige Fahrgeschäfte. Dafür werden Sie in vielen Shows ins Mittelalter zurückversetzt, zu Wikingern und Römern. Die jeweils am Wochenende (nur Juni-Sept.) stattfindende Abendshow auf einer 23 ha großen Freilichtbühne ist besonders spektakulär. 2.000 Schauspieler mit 24.000 Kostümen stellen die Geschichte der Vendée in 1 Stunde 40 Minuten atemberaubend dar. Für diese Abendshow ist eine frühzeitige Reservierung unbedingt erforderlich, da sie ständig ausgebucht ist.

Futuroscope bei Poitiers   *www.futuroscope.com*
ist der zweitgrößte Freizeitpark Frankreichs. Mehr als 25 Attraktionen widmen sich den neuen Medien und Technologien. Man könnte ihn auch als Future-World bezeichnen.

122

[11] Einkaufen

Essen & Trinken wird in Frankreich großgeschrieben. Die Franzosen sind bekanntlich Genießer.

Das Frühstück fällt dafür nicht gerade üppig aus: Ein Café und ein Croissant genügen bereits, oder eine Schale mit Milchkaffee, in welche das Weißbrot getunkt wird.

Ansonsten wird geschlemmt. Sogar die Kinder werden bereits in jungen Jahren an alle Köstlichkeiten herangeführt. Die bei uns bekannten «Kinderbreis» etc. werden selten gefüttert. Wundern Sie sich also nicht, wenn im Restaurant am Nachbartisch ein 5-jähriges Mädchen mit Genuss die Austern verzehrt.

Übersicht

Einkaufen   **124**

Lebensmittelläden, Supermärkte und Discounter   **125**

Wochenmärkte und Markthallen   **126**

Etwas über Wein   **127**

123

Einkaufen

ist in Frankreich ein wahres Erlebnis. Wenn Sie aber auf das Gewohnte nicht verzichten wollen und besuchen auch in Frankreich nur Lidl und Aldi, dann haben Sie etwas verpasst.

«Frankreich ist teuer!» lautet oftmals der Satz von Urlaubern. Nein. Im Großen und Ganzen sind die Preise für die Grundnahrungsmittel nicht deutlich teurer, aber die Auswahl an Lebensmitteln ist um vieles größer und die Qualität (Frische & Geschmack) teilweise um einiges besser. Körperpflegeprodukte und Waschmittel kosten jedoch mehr als bei uns; ebenso Alkohol und Süßwaren wegen einer «Gesundheitssteuer» (bei Schokolade werden Sie z. B. feststellen, je höher der Kakaoanteil, desto billiger). Auch die Bierpreise sind höher, die Weinpreise sind dagegen günstiger als bei uns.

Die Bonpflicht, welche in Deutschland seit 2020 im Einzelhandel vorgeschrieben ist, hat Frankreich zur gleichen Zeit aufgehoben.

Ein Flaschen- oder Einwegpfand gibt es derzeit in Frankreich noch nicht. Die Einführung des Einwegpfands und ein Rückgabesystem für Getränkeverpackungen will die Regierung bis 2022 auf den Weg bringen. Einige Supermärkte haben in Eigeninitiative bereits Automaten für die Rückgabe von Plastikflaschen aufgestellt und vergüten ca. 2 Cent/Stück.

Neben den Supermärkten, Discountern, Wochenmärkten und Markthallen, finden Sie in Frankreich immer noch zahlreiche kleine Lebensmittelgeschäfte, wie.

- **Boulangerie**   Bäckerei
- **Patisserie**   Konditorei
- **Laiterie**   Molkerei (Milchprodukte)
- **Poissonnerie**   Fischgeschäft
- **Boucherie**[1]   Metzgerei
  verkauft nur unverarbeitetes rohes Fleisch)
- **Charcuterie**[1]   Fleischerei
  hat nur verarbeitetes Fleisch, wie Wurstwaren, Pasteten etc. und je nach Region auch Schweinefleisch im Angebot.

[1] *Hinweis: In Märkten sind die Grenzen zwischen Boucherie und Charcuterie oft fließend und in Dörfern sind manchmal beide in einem Geschäft.*

Lebensmittelläden, Supermärkte und Discounter

In Frankreich gibt es folgende Kategorien:

- kleine Lebensmittelmärkte werden Épicerie genannt.
  Die Supermarktketten nennen ihre kleinsten Läden je nach
  Marke entweder «Market» oder «Express», aber auch kleine
  SPAR-Geschäfte sind zu finden.
- Discounter
  wie Lidl, Aldi, Netto, dazu kommen noch Dia und Leader Price
- Supermärkte
  werden In der Größe wie z.B. Real, Globus oder Kaufland
  in Frankreich «Super» oder «Supermarché» genannt
- große Supermärkte
  wie sie in Deutschland üblicherweise nicht zu finden sind,
  heißen «Hyper» oder «Hyper-Marché».

Zu den großen französischen Anbietern der Super- & Hyper-Marchés
gehören: Auchan, Carrefour, Casino, Cora, Géant, E.Leclerc,
Intermarché, SystemU mit Super U, Hyper U und U Market.
Je nach Region sind einzelne Anbieter stärker und andere gar nicht
vertreten.

Wer zum ersten Mal einen französischen Super- oder Hyper-Marché
besucht, kommt aus dem Staunen nicht mehr heraus. Allein der
Bummel durch das enorme Angebot und die Auslagen der Fisch-, Käse-
, Fleisch- und Gemüse-Abteilung ist ein Erlebnis. Und wenn Sie meinen,
bei uns gibt es viele Desserts wie Joghurt, Pudding und dergleichen
oder gekochten Schinken und Fischkonserven, werden Sie eines
Besseren belehrt.

125

Wochenmärkte

Das sollten Sie sich nicht entgehen lassen. Die Auswahl, Frische und den Duft der Gewürze werden Sie lieben. Ein Genuss für alle Sinne. Ein Marktbesuch in Frankreich ist ein Muss. Schlendern Sie durch die Gänge, vorbei an den Ständen mit frischem Obst und Gemüse, großer Auswahl von Meeresfrüchten, Wurst, Geflügel, Käse und Milchprodukten, Gewürzen und heimischen Spezialitäten. Lassen Sie sich vom betörenden Duft und der Atmosphäre verführen.

Selbstverständlich werden auf den Märkten neben Lebensmittel auch Textilien, Haushalts- und Lederwaren u.v.m. angeboten, aber leider stimmt bei diesen Angeboten vielfach das Preis-Leistungs-Verhältnis nicht. Sie werden feststellen, dass ein Großteil der Anbieter dieser Waren in der Nachsaison nicht mehr auf den Märkten zu finden ist; die zahlungskräftigen Touristen, die meinen auf dem Markt ist alles billig, sind abgereist. Die Einheimischen wissen bei wem sie Textilien und Haushaltswaren kaufen, und diese Händler sind auch nach der Saison noch da. Achten Sie einmal darauf.

Damit Sie den nächsten Markttermin nicht verpassen, erkundigen Sie sich vorher über die Termine, z. B. im «Office de tourisme».

Markthallen

In manchen Orten gibt es sie noch. Der Besuch lohnt sich genauso wie der der Wochenmärkte. Ob frischer Fisch oder Geflügel, Gemüse oder Molkereiprodukte, die Markthalle ist ein Schlemmerparadies. Wo bekommen Sie sonst z. B. noch Butter aus dem «Fass»?

Wein

Informatives und Wissenswertes

Wir wollen lediglich einige Grundinformationen geben. Welcher Wein, aus welcher Region «Ihr» Wein ist, müssen Sie selbst verkosten. Die Geschmacksunterschiede sind genauso groß wie die Preisspannen und unzähligen Weinanbaugebiete. Bei vielen Winzern können nicht nur die Weine verkostet werden, sie bieten teilweise auch kostenfreie Stellplätze für die Übernachtung an.

FOIRE AUX VINS
Der Wahnsinn im Herbst - Weinkauf im Supermarkt

Seit Jahren hat der Handel das Geschäft mit dem Wein entdeckt. Gerade nach den Sommerferien mussten die Märkte einen Umsatzverlust hinnehmen und eine Lösung gefunden werden. Seitdem werden in allen großen Supermärkten die Weinwochen beworben. Bereits am Eingang werden Sie bildhaft von Unmengen an Weinkisten erschlagen. Das Angebot beginnt zwar bei ca. 2 €, die Hauptpreisklasse liegt bei 30 - 60 € / Fl., nach oben keine Grenze. Tatsächlich, die Verbraucher packen ihre Wagen kistenweise voll, aber nicht mit «Billigwein». Inzwischen wird der Hauptumsatz an Wein nur noch in Supermärkten gemacht. Ein Phänomen, das bei uns in Deutschland nie möglich wäre.

Besuchen Sie einen der großen Supermärkte im September und Oktober, Sie werden staunen.

Einkaufen

Das Wein-Etikett

soll alle wichtigen Informationen rund um den Wein vermitteln. Die EU hat mittlerweile die Angaben auf einem Weinetikett reglementiert. Es gibt zwar Pflichtbestandteile, die auf jedem Weinetikett angegeben werden müssen, aber länderspezifische Besonderheiten dürfen berücksichtigt werden.

Hauptbestandteil des Etiketts ist der Name des Weinguts. Herrschaftliche Weingüter mit einem zentralen Gebäude bezeichnen sich meist als CHÂTEAU und «normale» Weingüter als DOMAINE. Name und Anschrift des Guts findet man meist auf der Rückseite.

Unter dem Weingut sind die Pflichtangaben zum Anbaugebiet und der Qualität zu finden, z. B. «Haut-Médoc» und darunter «Appellation d'Origine Contrôlée» (AOC).

Der Name der Traubensorte wird nur angegeben, wenn der Wein aus einer einzigen Traubensorte gewonnen wurde, ansonsten werden beim sogenannten Cuvée keine Angaben gemacht.

Zusätzlich können Sie folgende Angaben finden:
- «Élevé en fûts de chêne» Der Wein wurde in einem Eichenfass (Barrique) aufgezogen.
- «Mis en bouteille au château» Der Wein wurde auf dem Weingut abgefüllt (nicht in einer Weinkellerei).
- «Mis en bouteille à la propriété» Der Wein wurde auf dem Weingut abgefüllt (nicht in einer Weinkellerei).

Die Qualitätsaussagen
- AOC (Appellation d'Origine Contrôlée): Das Gebiet, die Rebsorte, der Rebschnitt, sowie das Mindestmostgewicht und der Maximalertrag sind festgelegt.
- VDQS (Vins Délimités de Qualité Supérieure): Vorstufe zur Aufnahme in die AOC
- AOP (Appellation d'Origine Protégée): ersetzt seit 2009 laut EU-Weinmarktverordnung die Klasse AOC und VDQS.
- Vin de Pays: Landwein
- Vin de Table: einfacher Tischwein

Achten Sie auf die Weinkapseln

Sind Sie Ihnen beim Weinkauf schon aufgefallen? Jede Flasche ist mit einer Kapsel, die mit der Marianne geschmückt ist, versiegelt. Doch wozu und warum verschiedene Farben? Sie werden demnächst mit Sicherheit darauf achten.

Die Marianne

Jede in Frankreich verkaufte Weinflasche muss dieses Siegel tragen. Es zeigt, wie bei einer Steuerbanderole an, dass die entsprechende Alkoholsteuer vom Erzeuger/Abfüller bezahlt wurde.

Die Farben

 Land- und Tafelweine

 Qualitätsweine aus bestimmten Regionen (VQPRD), insbesondere mit den Ursprungsbezeichnungen (AOC) und (VDQS)

 Seit 2011 werden Qualitäts-Rotweine nicht mehr mit grün sondern mit weinrot gekennzeichnet.

Auf dem Siegel stehen aber noch weitere Informationen.
Als Beispiel der Code «83 R 036»:

Die ersten zwei Ziffern (83) geben den Abfüller an. Dies ist aber oft nicht immer auch der Erzeuger (Winzer).
Der Buchstabe (R) klassifiziert den Abfüller:
R für Winzer, Weingut
N für Händler
E für ein zugelassenes Lager (nicht Winzer)
bis 2001 gab es nur R und N

Die letzten Ziffern (036) sind die Zulassungsnummer des Abfüllers. Ist die Ziffer nur mit «01» oder «02» angegeben, handelt es sich um kollektive Kapseln.

[12] Im Restaurant

Zu Frankreich fällt den meisten zuerst Essen & Trinken ein, und dass zu Recht. Und diejenigen, die dabei nur an Frösche und Schnecken denken, werden hier eines Besseren belehrt.

Kein Land auf dem europäischen Kontinent bietet eine solche Vielfalt und Finesse von Köstlichkeiten und Zubereitungsarten wie Frankreich. Hier liebt man die Frische von Fisch, Fleisch, Butter, Obst und Gemüse. Egal ob «Haute Cuisine» oder gutbürgerliche Küche, Sie sollten sich die Erfahrung keineswegs entgehen lassen.

Für viele ist aber das Leidige dabei, dass in den meisten Restaurants die Speisekarte nur auf Französisch ist. Die Gerichte aus Spanien und Italien sind bei uns schon stark verbreitet und eingedeutscht – man kennt sie teilweise. Die französischen Bezeichnungen hingegen kennen meist nur die ausgesprochenen Gourmets. Wer also in Frankreich auf Bezeichnungen wie z. B. «Gigot de pré-salé» (Keule vom Salzwiesen-Lamm), «Cassoulet» (Bohneneintopf), «Sanglier» (Wildschwein), «Salade de gésiers» (Geflügelmagen-Salat) usw. stößt, ist oft überfordert. Daher steuern viele Urlauber eines der teilweise überteuerten Touristen-Lokale an, wo sie eine bebilderte oder mit deutschem Untertitel versehene Speisekarte vorfinden.

Das sollten Sie unbedingt wissen

* Die Essens- und Öffnungszeiten der Restaurants sind in der Regel von 12-14 Uhr und abends ab 19:30 Uhr. Sonntags sind die meisten Restaurants leider geschlossen. In Bistros, Großstädten und Touristengebieten können die Öffnungszeiten abweichen.

* In Frankreich sucht man sich im Restaurant nicht einfach seinen Tisch selbst aus, sondern wartet, bis die Bedienung den entsprechenden Tisch zuweist.

* Nennen Sie den Kellner nie «Garçon», dies ist schon fast eine Beleidigung, und Sie werden sofort als unerfahrener Tourist entlarvt. Wenn Sie die Bedienung rufen, reicht meist ein kleiner Fingerzeig oder Augenkontakt. Als Ansprache verwenden Sie bitte nur «Madame» oder «Monsieur».

* Der Gast ist zwar in Frankreich auch «König», die Bedienung aber ebenso. Behandeln Sie die Servicekraft nie wie einen Untertan, sondern selbst wie einen Gast - freundlich und zuvorkommend, ansonsten werden Sie Ihren Fehler beim Service und der Wartezeit schnell spüren.

* Wundern Sie sich nicht, wenn Sie eine Karaffe Wasser (Leitungswasser) mit Gläsern auf den Tisch gestellt bekommen. In vielen Restaurants ist dies üblich und kostenfrei.

* Das Baguette vor der Mahlzeit wird nie mit dem Messer geschnitten, sondern nur gebrochen.

* Geflügel (auch Brathähnchen) wird nicht mit den Fingern, sondern mit Messer und Gabel gegessen.

* Beilagen sind in Deutschland Hauptbestandteil des Hauptgangs, in Frankreich sind sie fast nur Garnitur, klein gehalten und stehen selten auf der Karte. In Frankreich dominiert das entsprechende Fleisch- oder Fischgericht, auch in der Größe, auf dem Teller. In vielen deutschen Lokalen dagegen ist das Fleischstück oder der Fisch eher ein Beiwerk zu den Beilagen.

[12] Im Restaurant

- Salat zum Hauptgang ist ein «No-Go»! Wieder haben Sie sich als Tourist entlarvt, wenn Sie einen Salat zum Hauptgang bestellen. Der Salat wird entweder vor dem Hauptgericht, als Vor- oder Zwischenspeise, oder danach gegessen. Wundern Sie sich auch nicht über die großen Salatblätter, die werden weder in der Küche mundgerecht gerupft, noch sollten Sie diese auf Ihrem Teller schneiden; die Salatblätter werden vom Gast mundgerecht mit Messer und Gabel gefaltet. Auch bei Auswahl an Salatsoßen werden Sie verwundert scheitern. Salat wird nur mit Essig, Öl, Salz & Pfeffer zubereitet.

- Der Kaffee zum Abschluss ist obligatorisch, aber nie zum Dessert.

- Beim Bier ist ein «DEMI» (ein Halbes) kein halber Liter, sondern 1/4 Liter.

- Ein Café ist ein Espresso.

- Vom Käsewagen zum Abschluss nimmt man sich maximal 2-3 Stücke.

- Suppen isst man in Restaurants in der Regel nur abends.

- In «Sterne-Restaurants» sollten Sie sich zum Essen nie eine Cola oder Ketchup zum Essen bestellen.

Zahlung

Auch das schönste Essen geht zu Ende und Sie wollen bezahlen, aber beachten Sie:

1. Der Ausdruck «payer» (zahlen) ist hier falsch!
   Richtig ist die Aufforderung «L'addition, s'il vous plaît».

2. Die Rechnung für den Tisch wird prinzipiell nur von einer Person bezahlt. Das in Deutschland oft verwendete «Bitte getrennt» ist nicht möglich. Die Splittung müssen Sie danach unter sich selbst vornehmen.

132

Trinkgeld

ist auch in Frankreich üblich. Im Gegensatz zu uns rundet man den Betrag aber nicht auf, sondern lässt das Trinkgeld nach dem Zahlvorgang auf dem «Zahltellerchen» einfach liegen. Obwohl das Trinkgeld wie bei uns im Preis enthalten ist, lässt man je nach Service ca. 10 % liegen.

Menus

Es ist üblich, statt lediglich der Hauptspeise, ein komplettes Menu zu essen. Entgegen den bei uns bekannten Menus, haben Sie Auswahl aus verschiedenen Vorspeisen, Hauptgängen und Desserts; und preislich sind Menus günstiger, als wenn Sie alles separat bestellen. Selbstverständlich sind die einzelnen Gänge des Menus etwas kleiner als die «à-la-carte» Bestellung, aber Sie werden satt – versprochen.

Im Normalfall beginnt man ein Menu mit einem Aperitif, danach folgen die Vorspeise, das Hauptgericht, der Käse, das Dessert und zum Abschluss der Café.

Sie haben häufig die Auswahl beim Menu:

- **«Entrée & Plat»** (Vorspeise & Hauptgang)

- **«Plat & Dessert»** (Hauptgang & Dessert)

- **«Menu Complet»** (Vorspeise, Hauptgang & Dessert)

Dazu gibt es Restaurants, die Menus auch incl. Aperitif, Wein und Kaffee anbieten.

Finden Sie den Ausdruck «Plat du jour», handelt es sich um das Tagesgericht.

Bei den Menus sind neben dem Preis auch die zur Auswahl stehenden Vorspeisen, Hauptgänge und Desserts erwähnt. Sie lohnen sich auf jeden Fall und Sie werden merken, dass Sie bereits ein 3-Gänge-Menu unter 15 € erhalten. Nach oben sind jedoch je nach Restaurant keine Grenzen gesetzt.

Bezeichnung der Lokale

⇨ **Bar** = Kneipe mit oftmals kleinem Speiseangebot

⇨ **Bistro** = kleines Lokal mit überschaubarer Auswahl an kleinen Gerichten zu günstigen Preisen

⇨ **Brasserie** = großes Lokal mit traditioneller Küche

⇨ **Café** = meist eine Café-Bar mit teilweise kleinen Mittagsgerichten (kein Kuchen!)

⇨ **Crêperie** = Restaurant, in welchem überwiegend nur Crêpes und Galettes serviert werden

⇨ **Ferme Auberge** = Bauernhof-Restaurant

⇨ **Glacier** = Eisdiele

⇨ **Pizzeria**

⇨ **Restaurant** = klassisches Speiserestaurant

⇨ **Relais Routiers** = Fernfahrer-Restaurant, aber nicht nur für Fernfahrer. Meist an einer Route National gelegen mit traditioneller Küche, große Portionen bei günstigem Preis.

⇨ **Rôtisserie** = Grill-Restaurant

⇨ **Salon de thé** = im Sinne des deutschen «Café». Teestube, in der aber auch Kaffee, Torten und Kuchen serviert werden.

Liebhaber von Fastfood kommen in Ballungszentren auch auf ihre Kosten, in ländlichen Regionen sind die amerikanischen Ketten aber noch verpönt.

Finden Sie beim Lokal den Ausdruck «A Emporter», ist das Essen auch zum Mitnehmen.

Garstufen beim Fleisch (Steak)

Deutsch	Französisch	Englisch
Roh	Bleu	Raw
blutig bis rosa	Saignant	Rare
rosa, englisch	à point *oder* anglais	medium rare
halb durchgebraten	demi-anglais	medium rare
durchgebraten	bien cuit	well done

[13] Spezialitäten
die Sie kennen sollten

Jedes Land hat seine eigenen Spezialitäten, aber oft sind sie im Ausland nicht bekannt oder werden nur teuer als Delikatesse gehandelt. Hier stellen wir einige davon vor.

Übrigens, ohne Butter oder Olivenöl, geht genau wie mit Wein, in der französischen Küche nichts. Doch aufgepasst, das Land ist in dieser Hinsicht geografisch zweigeteilt. Im Norden ist die Butter das Nonplusultra und im Süden dominiert das Olivenöl die Küche.

Assiette de la mer 136

Austern 139

Eclade de moules 143

Galette 144

Piment d`Espelette 145

Andouille und Andouillette 146

Les grenouilles 147

Jahrgangs-Sardinen 148

Confit de canard 149

Rillettes 150

Fleur de Sel 151

La Bonnotte 153

Croque Monsieur und Croque Madame 154

Kouign amann 154

Baguette und Croissants 156

Spezialitäten

Assiette de la mer oder Plat de fruit de mer

Die Meeresfrüchteplatte

Ein Leitfaden, nicht nur für Anfänger. Egal ob als Vorspeise, als Hauptgang für sich allein oder als große Platte zum gemütlichen Beisammensein. In fast jedem Lokal am Meer steht diese Platte auf der Karte. Für Kenner, Genießer und Meeresfrüchte-Liebhaber gehört sie immer wieder dazu, ob in klein als Vorspeise oder die große Platte als Hauptgang für ein gemütliches Zusammensein in der Runde.

Erstmals damit konfrontiert, stellen sich die Fragen:
«Was ist das alles?»
«Wie wird es gegessen?»
«Was davon kann ich essen?»

Vorab sei gesagt, die Platten variieren nicht nur preislich von Lokal zu Lokal, sondern auch von den servierten Muscheln und Krustentieren. So ist z. B. bei Platten mit Hummer oder Languste meist ein Mehrpreis zu zahlen, wenn diese Köstlichkeiten nicht direkt mit angegeben sind. Ansonsten steht auf der Karte immer, welche Meeresfrüchte serviert werden.

Alles wird kalt serviert! Die Muscheln, außer den Austern, wurden jedoch zuvor gekocht. Die Auswahl wird auf Eis, je nach Größe und Lokal, entweder auf einem Teller, einer Platte, einer Pyramide oder in einem Boot mit Zitrone, Schalotten in Rotweinessig und Mayonnaise serviert. Dazu gibt es Baguette und als Getränk wählt man einen trockenen Weißwein (z. B. Muscadet sur Lie). Gegessen wird bei dieser Platte prinzipiell mit den Fingern.

Wenn Sie noch nie eine solche Platte gegessen haben, wagen Sie sich einmal daran. Beginnen Sie mit einer kleinen «Assiette de la Mer», wie sie als Vorspeise (z. B. auch bei einer Menu-Auswahl) angeboten wird; oder testen Sie zuerst einmal die Bulots oder Austern, die am Meer fast immer auf der Karte stehen.

Das kann auf der Platte sein und so wird es gegessen:

BULOTS (Wellhornschnecke)

Mit einer Hand wird die Schnecke gehalten und mit einer einem Spieß ähnlichen, langen Gabel in der anderen Hand wird die Schnecke aus dem Gehäuse gezogen. Vor dem Verzehr entfernt man die kleine knochenartige Platte, andere entfernen auch das am Ende hängende bräunliche Gedärm. In einfachen Lokalen wird statt der Gabel ein Zahnstocher serviert.

BIGORNEAUXS (Strandschnecke)

Die kleine, schwarze Strandschnecke ist für manche fast eine Zankerei, dafür ist sie aber sehr schmackhaft. Gegessen werden sie genauso wie die Bulots, jedoch wird statt der Gabel ein kleiner Metallstocher verwendet. Einfache Lokale legen teilweise auch nur eine aufgebogene Büroklammer bei.

PALOURDES	AMANDES	MOULES

(Venusmuschel)	*(Meermandel)*	*(Miesmuschel)*

Sie werden einfach mit der Gabel aus der Schale gelöst und gegessen.

AUSTERN

Man löst die Auster mit der Gabel von der Schale, träufelt je nach Geschmack Zitrone oder Vinaigrette darauf und schlürft sie leise aus. Manche essen sie am liebsten pur. Und - eine Auster wird nicht einfach geschluckt, sondern gekaut; nur so kommt der Geschmack zur Geltung.

Spezialitäten

<table>
<tr><td align="center">CREVETTES ROSE</td><td align="center">CREVETTES Gries</td></tr>
<tr><td align="center"></td><td align="center"></td></tr>
<tr><td align="center">(Garnele)</td><td align="center">(Sandgarnele, klein und grau)</td></tr>
</table>

Die Crevetten werden von Hand vom Panzer und je nach Größe auch vom Darm befreit. Danach isst man sie meist mit Mayonnaise. Die «Crevettes gries» sind mit 2-4 cm sehr klein.

TOURTEAU (Taschenkrebs)
Die Krabben (Crabes) sind meist bereits geöffnet. Die Scheren werden mit der beigelegten Zange geöffnet. Manche verabscheuen den Verzehr des Inneren im Körper, da sie es als unappetitlich empfinden. Für Gourmets ist dies jedoch das Beste und die Schale wird ausgelöffelt.

LANGOUSTINES (kleine Langustine, Scampi)
Sie werden vom Panzer befreit und der Darm wird herausgelöst. Danach isst man sie meist mit Mayonnaise. Die kleinen Scheren enthalten fast kein Fleisch.

HOMARD (Hummer) & **LANGOUSTE** (Languste)
Ob Hummer oder Languste, hier gilt das gleiche Prinzip wie beim Tourteau, wobei beide im Körperinneren ein sehr schmackhaftes Fleisch besitzen und je nach Geschmack nur der Magen und Darm entfernt wird. Aus den mit der Zange aufgebrochenen Scheren wird das Fleisch mit einer langen Gabel gepult.

Auch wenn eine solche Platte mit den Fingern gegessen wird, so sollte man Crevetten oder Langusten im Hauptgang mit Messer und Gabel essen, um sich die Finger nicht mit der Soße zu beschmutzen. Halten Sie den Schwanz mit der Gabel und schneiden ihn mit dem Messer ab. Danach am Hals festhalten, mit dem Messer den Panzer entfernen und zum Schluss den Kopf abschneiden.

138

Die Austern / Huîtres

Für den einen eine Köstlichkeit, für andere ein No-Go.

Die Auster gilt bei uns als Spezialität. Teilweise hohe Preise werden für sie bezahlt, um sie mit einem Glas Champagner zu genießen.

In Frankreich gehört sie einfach dazu, selbst für Kleinkinder sind sie nichts Besonderes. Dazu ist der Preis erschwinglich, ein Dutzend Austern kostet vor Ort je nach Herkunft und Größe zwischen 4 € und 8 €.

Pro Jahr werden in Frankreich schätzungsweise 150.000 t Austern geerntet, davon landen über 90 % auf französischen Tellern und 50 % der Gesamtproduktion werden zu Weihnachten / Neujahr verzehrt.

Aber Auster ist nicht Auster. Kenner wissen um die Unterschiede und jeder hat nach seinem Geschmack einen Favoriten. Für den Geschmack sind neben der Austernart die unterschiedlichen Meeresböden und die Veredlung entscheidend. Austern sind gesund, haben fast kein Fett und keine Kalorien, dafür viele Proteine, Mineralstoffe und Spurenelemente. Die verbreitete Meinung der aphrodisierenden Wirkung hingegen ist wissenschaftlich nicht nachgewiesen, aber der Glaube versetzt ja bekanntlich Berge.

Die Arten

- «Huître creuse» (Pazifische Felsenauster) wird überwiegend gezüchtet, 95% der Gesamtproduktion

- «Huître plate» (Europäische Auster) ist eine platte im Schlick lebende Auster, z. B. die Belon-Auster

Achtung: Im Sommer finden Sie oft den Zusatz «Non Laiteuse». Dies bedeutet, dass die Austern klar und nicht, wie im Sommer üblich, milchig sind. In dieser Zeit konzentriert sich der Organismus der weiblichen Austern auf die Zeugung und Geburt. Dadurch werden sie milchig. Sie sind aber fast genauso bekömmlich wie im Winter, viele empfinden sie aber als unappetitlich.
Somit: Laiteuse = milchig / Non Laiteuse = nicht milchig (klar)

Spezialitäten

Die Größen-und Handelsbezeichnungen

Die Größen werden in den Kategorien 000 bis 5 eingeteilt. Hierbei ist Nummer 5 die Kleinste, die Nummer 000 die Größte. Am meisten werden die Größen 2 und 3 verkauft. Je größer die Auster, desto weniger salzig ist sie im Geschmack.

Handelsbezeichnung

- «Huîtres de parc» etwas für Puristen.
  Sie sind nicht veredelt, also nicht geklärt worden.
- «Fines de claire»
  Standardqualität. Sie sind mehrere Wochen in Klärbecken gelegen. Sie haben einen reinen, salzigen Geschmack.
- «Spéciales de claire»
  wurden länger als die «Fines de claire» geklärt. Sie haben einen milderen und weniger salzigen Geschmack.
- «Huîtres sauvages»
  Große Austern, zum Kochen geeignet.
- «Pied de cheval»
  Sehr große, Europäische Auster. Selten und teuer. Überwiegend Asiaten lieben diese Auster.

Zusatzbezeichnungen nach der Herkunft

- «Marennes-Oléron»
  aus der Region vor Oléron. Sie sind erkennbar an der leichtgrünen Farbe des Fleisches. Sehr gute Qualität.
- «Bélon-Austern»
  die «Bélon» aus der Bretagne wird nur im gleichnamigen Fluss Bélon gezüchtet und ist teurer als die anderen genannten.
- «Huître spéciale d'Isigny»
  aus Isigny (Normandie) mit einem feinen Nußgeschmack

Herkunftsgebiete

Die Normandie

Von deren Küste stammen etwa 25 % der jährlichen Austern-produktion. Die Hauptgebiete sind die Gegend von Isigny-sur-Mer und die West- und Ostseite der Halbinsel Cotentin. Hier wird die Pazifische aber auch die Europäische Auster gezüchtet.

Die Bretagne

Fast an der gesamten Küste der Bretagne werden Austern gezüchtet. Besonders stechen hier hervor:

- Cancale, für die meisten einer der bekanntesten Orte. Hier wird neben der Pazifischen Auster auch wieder die Europäische Auster gezüchtet. Durch den Tidenhub ein idealer Ort, da sie eine Tiefe von 3-15 m benötigt.

- Belon, die berühmteste Auster. Eine «Huître plate», die im Fluss Belon heranwächst, dessen Süss- & Salzwasser durch Ebbe und Flut einem ständigen Wechsel unterliegt. Sie gilt als eine der teuersten und schmackhaftesten Austern.

- Andere bekannte Gebiete in der Bretagne sind auch:
  Rivière d'Étel, Quiberon, Golfe du Morbihan, Pernef und Croisic.

Die südliche Atlantikküste

Auch hier findet man, wie in der Bretagne, zahlreiche Austernzüchter, die weniger werden, je südlicher es geht. Bekannte Gebiete sind hier:

- Noirmoutier (eine kleine Insel in der Vendée)
- Île de Ré (eine Insel vor La Rochelle)
- Marennes-Oléron, die weltberühmte Austerngegend im Küstengebiet der Region Charente-Maritime. Hier werden ca. 45% der Jahresproduktion geerntet. Marennes-Oléron-Austern sind erkennbar an ihrem grünen Fleisch und werden je nach Qualität verschieden geklärt. So werden auch ehemalige Salzgärten zur Klärung verwendet, die im Frühjahr trockengelegt und gereinigt werden.

- Arcachon ist seit Jahrhunderten von der Austernkultivierung geprägt und ist u.a. Hauptlieferant der «Babyaustern» für die Austernzüchter. Das Gebiet hat aber durch Umwelteinflüsse immer wieder mit großen Einbußen zu kämpfen.

Mittelmeer

Auch in der Region Languedoc, speziell im Bassin de Thau, werden Austern gezüchtet. Der Ertrag beläuft sich jedoch nur auf ca. 10.000 Tonnen, zudem müssen mangels Ebbe & Flut die dortigen Austernzüchter andere Kultivierungsmethoden einsetzen.

Spezialitäten
Das Öffnen der Auster

Im Restaurant müssen Sie sich um diese Prozedur keine Gedanken machen, Sie bekommen sie geöffnet serviert.

Haben Sie Ihre Austern jedoch auf dem Markt oder beim Züchter gekauft, steht Ihnen diese Aufgabe bevor, die eigentlich sehr einfach, aber nicht ungefährlich ist. Die Ärzte können zur Weihnachtszeit Bücher darüber schreiben.

Zum Öffnen benötigen Sie ein spezielles Austernmesser und für Anfänger ist ein Austernhandschuh zu empfehlen, der vor Verletzungen schützt. Am besten lassen Sie sich für das erste Mal das Öffnen vom Verkäufer zeigen.

Vor dem Öffnen wird die Auster gereinigt und von Schmutz befreit. Die Auster muss noch geschlossen sein, geöffnete Austern sind ungenießbar.

Der Rechtshänder zieht links den Handschuh an, oder schützt die Hand mit einem dicken Handtuch. Mit der gewölbten Seite wird die Auster nach unten in die linke Handfläche gelegt und umfasst, wobei die Spitze zum Körper zeigen muss. Das Austernmesser wird nun entweder an der Seite oder am Muskel (spitzes Ende) angesetzt und leicht in die Schale gebohrt. Durch Drehen werden die Schalenhälften dann aufgehebelt und der mittlere Muskel durchtrennt.

Wie wird die Auster gegessen

Üblicherweise wird die Auster unmittelbar nach dem Öffnen verzehrt. Dabei wird nach dem Öffnen das Wasser in der Schale ausgeschüttet, das danach aus der Auster nachlaufende Wasser bleibt jedoch erhalten.

Man schlürft die gelöste Auster aus der Schale aus, nachdem man sie entweder zuvor mit Zitrone oder mit einer Vinaigrette beträufelt hat. Eine Auster wird nicht einfach geschluckt, sondern gekaut, nur so kann der Geschmack zur Geltung kommen.

Neben der üblichen Variante werden auch gebratene, gebackene und gekochte Zubereitungsarten in Restaurants angeboten.

Unser Tipp: Am besten genießen Sie die Austern bei einem Austernbauer vor Ort, erkennbar an der Außenwerbung «Degustation». Hier erhalten Sie meist ein Dutzend Austern mit Brot und Butter, dazu 1 Glas Wein für ca. 15 €.

Eclade de moules

Eine Spezialität aus der Charente-Maritime.
Die andere Art der Muschel-Zubereitung.

Ob auf der Île d'Oléron, Île de Ré oder in Marennes, es werden ab Mitte / Ende Juni die Feuer entfacht. Seit Jahren kann man die «Eclade de moules» bei den Austern- und Muschelzüchtern verkosten; vereinzelte Restaurants haben jetzt aber auch nachgezogen. Der Atmosphäre wegen genießt man die Köstlichkeit am besten bei den Züchtern mit Brot, Butter und einem Weißwein.

Moule à la crème, Moula à la marinière usw. kennt fast jeder Frankreich-Urlauber. Die «Eclade de moules» ist aber den meisten Urlaubern - auch Franzosen - durch die Regionalität fast unbekannt. Den deutschen Beamten des Gesundheitsamtes würden sich die Haare sträuben. Die Miesmuscheln werden ringförmig auf ein Holzbrett geschichtet und danach gesammelte Piniennadeln in einer Höhe von ca. 30-40 cm aufgeschüttet. Nun werden die Piniennadeln angezündet und gewartet, bis sie komplett abgebrannt sind. Zum Schluss wird die Restasche von den Muscheln gewedelt und serviert.

Es erwartet Sie eine wahre Gaumenfreude. Kräftig und leicht salzig, ein intensiv würziger Geschmack, umspielt vom Duft der Pinie. Messer und Gabel werden nicht serviert, die heißen Muscheln werden von Hand geöffnet und direkt verzehrt. Schnell bemerkt man seine schwarzen, rußigen Finger; weiße Kleidung ist daher beim Verzehr nicht angebracht. Nach dem Mahl wäscht man sich die Hände mit Seife und Wurzelbürste an dem in der Nähe befindlichen Waschbecken.

Galette

bretonisch: «Krampouezhenn»

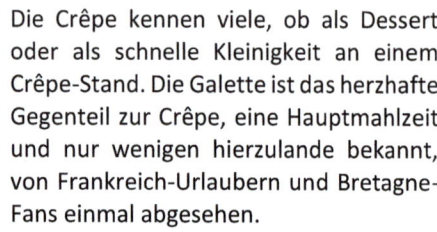

Die Crêpe kennen viele, ob als Dessert oder als schnelle Kleinigkeit an einem Crêpe-Stand. Die Galette ist das herzhafte Gegenteil zur Crêpe, eine Hauptmahlzeit und nur wenigen hierzulande bekannt, von Frankreich-Urlaubern und Bretagne-Fans einmal abgesehen.

Die Galette hat ihren Ursprung in der Bretagne, wird statt mit Weizenmehl mit Buchweizenmehl (Farine de Sarrasin) hergestellt und war zu früheren Zeiten der Brotersatz. Der Teig wurde über offenem Feuer auf einem heißen Stein gebacken, den man «Jalet» nennt und somit der Namensgeber der Galette ist.

Einst brachten die Kreuzritter den Buchweizen mit nach Frankreich, der wegen seiner dunklen Farbe seinen Namen «Sarasin» erhielt. Für die bretonischen Bauern war die Feldfrucht ein Geschenk, denn auf den kargen Böden der Bretagne gedieh das Pseudogetreide bestens und war bereits in 4 Monaten reif. Hinzu kam für die Bauern der Vorteil, dass man aus dem kleberfreien Mehl kein Brot backen konnte und somit keine Steuern darauf entrichtet werden mussten. Bis heute ist die Galette nicht nur eines der bretonischen Nationalgerichte, sondern hat auch ihren Siegeszug über die Grenzen von Frankreich hinaus angetreten.

Klassisch wird die Galette als «Galette complète» serviert, mit Käse, Spiegelei und gekochtem Schinken. Aber auch hier sind, was den Belag betrifft, keinerlei Grenzen gesetzt.

Rezepte für den Teig, die Zubereitung und Zutaten finden Sie in Kochbüchern und auf unserer Webseite.

Piment d`Espelette

Eine französische Chilisorte,
die vom Geschmack ihresgleichen sucht.

Manche Frankreich-Urlauber haben den Chili mit Sicherheit schon gesehen oder davon gehört, aber was zeichnet ihn aus, und warum ist er teurer als andere Sorten? Preiswerten Chili kann man im Supermarkt schon ab 9,90 € / kg kaufen, Piment d'Espelette in AOC bzw. AOP-Qualität kostet aber im Schnitt ab ca. 150 € / kg und das nicht ohne Grund.

Ursprung

Piment d'Espelette wird nach den AOC-Richtlinien im Gebiet rund um Espelette hergestellt. Espelette ist eine Stadt im französischen Baskenland, zum Département Pyrénées-Atlantiques gehörend, und liegt ca. 25 km südlich von Biarritz.

Ein Strauch trägt zwischen 15 und 30 Früchte, die nach einer Reifezeit von ca. 70 Tagen eine Länge von 8 - 13 cm erreichen. Auf der Scoville-Skala erreichen die Früchte eine Schärfe zwischen 1.500 - 2.500 Grad.

Verarbeitung

Die Schoten werden meist Ende Oktober von Hand geerntet, zu Zöpfen gebunden und in der Sonne getrocknet. In Espelette und den Nachbardörfern findet man reichlich Gebäude, an denen die Zöpfe nicht aus Schönheit, sondern zum Trocknen hängen. Nach der Trocknung werden sie zu Pulver gemahlen und verpackt.

Wofür

Piment d'Espelette wird vielfältig in der Küche für Fleisch, Fisch, Saucen, aber auch bei der Wurstherstellung oder für Konfitüre und Schokolade eingesetzt. Weltweit schwören viele Gourmets und Sterneköche auf diese sehr aromatische Chilivariante. Das fruchtige und leicht rauchige Aroma mit einer pikanten Schärfe genießt man am besten, indem die Speisen erst nach oder kurz vor Beendigung des Garvorgangs gewürzt werden.

Andouille und Andouillette

Die Wurst für Wagemutige - man mag sie oder nicht.

Ob beim Metzger in der Auslage oder im Restaurant, sie ist nicht wegzudenken, die Andouille. Unwissende probierten sie, denn eine Wurst kann ja nichts «Schlechtes» sein und doch war es für viele Urlauber der erste und letzte Versuch; sie ist einfach nicht jedermanns Geschmack. Daher bleiben Kellner und Wirte nach dem Servieren gerne etwas länger beim deutschen Touristen am Tisch stehen, damit ihnen deren Gesichtsausdruck beim ersten Bissen nicht entgeht. Je nach Zusammensetzung hat sie einen eigenartigen, fast strengen Geruch - fast wie... na ja. Wie sagte bereits der Bürgermeister «Edouard Henriot» von Lyon? «Politik ist wie die Andouillette: Sie muss nach Scheiße riechen, aber nicht zu stark.»

Wie man es in Frankreich kennt, wird hier fast alles vom Tier als Lebensmittel verarbeitet, und um diese Wurst ranken sich nicht nur viele Legenden, sondern auch handfeste Streitigkeiten sind angesagt, wenn es um die Frage geht: «Welche Region stellt die beste Andouillette her?».

Seit wann es vor dem 15. Jahrhundert die bäuerliche Wurst «Andouillette» gibt, ist nicht genau überliefert, ihren Ursprung soll sie angeblich in Lyon haben.

Doch was ist nun drin in der berüchtigten Andouillette?
Vereinfacht gesagt: Därme und Magen, also das Gekröse vom Tier. Dazu unterscheiden sich die Zutaten, deren Mischung und Gewürze von Region zu Region. Die Wurst aus Lyon wird überwiegend nur aus dem Gekröse vom Kalb, aus anderen Regionen vom Schwein und Lamm oder einer Mischung derselben hergestellt. Auch Geflügelmägen, Herz, Leber und Lunge können darin verarbeitet sein.

Nun zum kleinen Unterschied von Andouille und Andouillette:

Die Andouille ist stärker gewürzt, besteht nur aus Därmen und ist im Geschmack gegenüber der Andouillette milder.
Die bekanntesten Sorten sind:
Andouille de Vire (Normandie) und
Andouille de Guémené (Bretagne).

Die Andouillette ist weniger gewürzt, dafür ist jedoch ihr Geschmack extremer und der Geruch stärker.
Am bekanntesten ist die Andouillette de Troyes (Grand Est).

Übrigens:
Für die Andouille gibt es auch ein Qualitätssiegel, das fast passende «AAAAA» (Association amicale des amateurs d'andouillettes authentiques).

Egal, ob warm oder kalt, auch bei den Franzosen: Die einen lieben und die anderen verpönen sie. Wer sie noch nie probiert hat, aber den Mut hat und kein Gegner von Innereien ist, sollte sie wenigsten einmal im Leben kosten.

Zu guter Letzt: Andouille wird auch als Ausdruck für «Dummkopf» gebraucht.

Les grenouilles (Die Frösche)

Vorab: Wir haben Verständnis für alle, die das Gericht aus Geschmacksgründen ablehnen. Den anderen Gegnern sei gesagt, dass es inzwischen, analog zur Aquakultur, Zuchtstationen für Frösche gibt und der Wildfang dadurch eingegrenzt wird. Für Liebhaber und Freunde der französischen Küche gehören Frösche ebenso wie Austern, Schalentiere, Schnecken u.v.m. zum Genuss.

«Les grenouilles sautées à la persillade» (Froschschenkel sautiert mit Petersilie) ist eine Spezialität in der von unzähligen Teichen umgebenen Region Dombes im Departement Ain (01), zwischen Lyon und Bourg-en-Bresse, und ist hier auf fast jeder Speisekarte zu finden. Wir kennen viele diverse Zubereitungsarten, aber diese Zubereitung ist für uns am besten und authentischsten.

Lediglich in Butter mit Knoblauch sautiert, werden sie mit viel Petersilie und Baguette serviert. Dazu handelt es sich um kleine, sehr zarte Schenkel, die nicht mit den dicken Froschschenkeln, wie man sie meist beim Asiaten kennt, vergleichbar sind. Der etwas mühsame Verzehr durch die kleinen Knöchelchen erfolgt mit den Fingern. Geschmacklich ist es vergleichbar mit einer Mischung aus Huhn, Fisch und Kalbfleisch.

147

Die Jahrgangs-Sardine

Ein Werbegag oder was ist dran?

Jeder Weinkenner weiß, dass es gute und schlechte Jahrgänge gibt. Aber auch bei Sardinen?

Seit vielen Jahren gibt es in Frankreich die Jahrgangs-Sardine. Bei uns in Deutschland ist sie, außer in speziellen Feinkostgeschäften, fast nicht erhältlich. Bei Gourmets ist sie bekannt und beliebt. Es handelt sich um keine Billigfischkonserve, die es ab 75 Cent im Supermarkt gibt. Je nach Jahrgang müssen für die Jahrgangs-Sardine ab 4 € aufwärts je Dose bezahlt werden; Sammlerstücke können 100 € und mehr erreichen. Einigen mag dies unverständlich ein, doch beim Wein ist es auch nicht anders.

Aber zurück zur Sardine, was zeichnet die Jahrgangs-Sardine aus?

Preiswerte Sardinen in der Dose werden nach dem Fang auf den Hochseekuttern schockgefroren, später in der Fischfabrik aufgetaut, maschinell verarbeitet und mit einfachem Öl in Dosen verpackt, fertig.

Die Jahrgangs-Sardine wird meist im September direkt vor der Küste der Bretagne und Vendée gefangen und frisch an Land gebracht. Statt Maschinen warten in der Conserverie eifrige Hände auf die Verarbeitung. Jede einzelne Sardine wird von Hand entschuppt, geköpft und ausgenommen. Speziell das Entfernen der Därme und Innereien erfolgt gegenüber der maschinellen Verarbeitung viel sorgfältiger. Die Gedärme und Innereien sind nicht nur schlecht verdaulich, sondern geben der Sardine einen unangenehmen Beigeschmack, wie er oft bei «Billigsardinen» vorkommt. Die Reinigung von Hand dagegen erfolgt behutsam und sehr gründlich und ist für den feinen Geschmack ausschlaggebend.

Versuchen Sie einmal, diesen kleinen Fisch mit einem scharfen Messer zu schuppen und zu reinigen, ohne den zarten Körper zu zerdrücken, dann wissen Sie, welche Fingerfertigkeit erforderlich ist.

Doch damit nicht genug. Danach werden die Sardinen in Salzwasser gewaschen und einzeln auf einem Gestell in einer Trocken-Anlage getrocknet. Dadurch bildet sich eine feine Salzkruste auf der Sardine.

Später werden die Sardinen bei 100°C in Sonnenblumenöl frittiert und wieder einzeln aufgehangen. Damit die Sardinen in die Dose passen, werden sie nun letztmalig von Hand mit einer Schere passend an Schwanz und am Kopfende zugeschnitten und in die Dose gelegt. Zum Abschluss wird die Dose mit bestem kaltgepresstem Olivenöl aufgefüllt, bevor dann eine Maschine den schmucken Jahrgangsdeckel aufsetzt und in einer Spezialanlage konserviert.

Je länger die Sardine nun in der Dose reift, desto feiner wird sie im Geschmack. Selbst die feinen Gräten sind dann nicht mehr zu spüren, sie haben sich fast vollständig aufgelöst. Diese Sardine ist wirklich ein Genuss. Selbst Sardinengegner, die wegen der Gräten oder dem teilweise tranigen oder bitteren Beigeschmack mancher Sardinen-Konserven diesen Fisch meiden, haben ihre Meinung geändert, nachdem sie den geschmacklichen Unterschied der Jahrgangs-Sardine kennengelernt haben.

Confit de canard

Ein beliebtes Gericht aus Südfrankreich
und fast überall zu haben.

Frankreich-Insider kennen Confit de canard. Andere haben die Dosen verschiedener Marken mit Sicherheit schon einmal in einem französischen Supermarkt gesehen oder den Begriff auf einer Speisekarte gelesen. Was sich dahinter verbirgt, verraten wir Ihnen.

Confit hat seinen Ursprung in Südfrankreich, vor allem in der Region Aquitaine. Durch die Herstellung des Foie gras (Geflügelstopfleber), die überwiegend aus Enten gewonnen wird, fällt durch die spätere Schlachtung logischerweise viel Entenfleisch an. Confit ist eine alte Haltbarmachung des Fleisches, bevor es Kühlung und Konserven gab, die sich bis heute gehalten hat und ein beliebtes Gericht ist.

Die Geflügelteile werden mit Salz eingerieben und nach einer Ruhezeit angebraten. Im eigenen Fett werden die Teile je nach Rezept mit verschiedenen Gewürzen dann bis zu mehreren Stunden gegart. In Steintöpfen wurde danach das Fleisch im eigenen Fett gelagert und mit einer dicken Fettschicht abgedeckt, um es für mehrere Monate haltbar zu machen.

Spezialitäten

Nach zirka 2-3 Wochen hat sich das Aroma entwickelt und das Fleisch kann kalt oder angebraten gegessen werden.

Heute ist es aus der Dose, die den Steintopf ersetzt hat, ein schnelles Gericht. Dose auf, im eigenen Fett aufwärmen oder anbraten und fertig ist das Essen.

Auch in Restaurants ist das Confit de canard auf der Speisekarte zu finden.

Rillettes

Rillettes gehören wie die Terrine zur traditionellen Vorspeise. Und sind vergleichbar mit dem Schmalzfleisch bzw. mit der bei uns bekannten Pottsuse. Während die Nachfrage und das Angebot dieser Zubereitungsart in unseren Landen sehr gering sind, gehören die Rillettes in einer fast unüberschaubaren Auswahl zum festen Sortiment eines jeden Marktes in Frankreich.

Die Konservierung ähnelt des Confit. Schon im 14. Jahrhundert begann man, Fleisch auf diese Weise haltbar zu machen. Fette Fleischstücke (traditionell Schwein) werden im eigenen Fett, Gewürzen und etwas Wasser gekocht, bis es zerfällt. Danach wird das Fleisch zerrissen oder zerstampft und mit dem eigenen Fett in Gläser gefüllt.

Zwischenzeitlich gibt es viele Varianten und Geschmacksrichtungen. So werden sie hergestellt aus Schwein, Gänse, Enten, Wild, Hühner, Kaninchen, Thunfisch, Makrele, Lachs, um nur einige zu nennen. Dazu mit und ohne Alkohol wie Cognac, Pineau, Cidre, Armagnac usw., aber auch andere Zutaten, wie z.B. Seetang, Pilze und Käse, können je nach Geschmackskomposition enthalten sein.

Neben dem Begriff Rillettes sind noch viele regionale Varianten vertreten wie: «Chichons», eine Spezialität aus dem Baskenland, meist mit 'Piment 'Espelette' und Knoblauch. «Frittons», hier werden geröstete Fleischstücke beigegeben. Bei den «Grattons» wurde das Fleisch zum Teil zuvor gepökelt. «Grillon» in Nouvelle Aquitaine sind den Rillettes ähnlich. Bei «Rillauds» und «Rillons» wurde das Fleisch vor dem Kochen in kleine Würfel geschnitten. «Rillettes comtoises» werden aus angeräuchertem Fleisch hergestellt.

Fleur de Sel

ist nicht einfach ein Salz.

Die «Salzblume» ist das teuerste Meersalz, aber Mondpreise (bis zu 80 € / kg), wie im deutschen Handel, müssen nicht sein. Am besten kauft man das Fleur de Sel in seinem Urlaub direkt beim Salzbauern, den man in der Guérande und in der Camargue «Paludier» und auf der Île de Noirmoutier und auf der Île de Ré «Saunier» nennt. Dort sind, je nach Verpackungsgröße und -art, Salzbauer und Ernteertrag, max. 16 € / kg zu bezahlen.

Wie entsteht Fleur de Sel
Das Meerwasser des Atlantiks wird durch ein verzweigtes Kanalsystem in die, in den Lehmboden unterschiedlich tief gegrabenen, Becken geleitet. Sonne und Wind lassen das Wasser verdunsten und die Salzkonzentration steigt kontinuierlich an. Ständig muss der Salzbauer den Wasserstand regeln und die Becken pflegen, bis in den letzten flachen Becken des Salzgartens das Wasser schließlich gesättigt ist. Der Großteil der Salzkristalle sinkt zu Boden und wird als grobes Meersalz geerntet. Bei idealen Wetterbedingungen entstehen auf der Wasseroberfläche feine Salzflocken, die auf der Oberseite treiben. Ideale Wetterbedingungen, Sonne, kein Regen oder starker Wind sind die Voraussetzungen für die köstliche Salzblume. Zeit zur Ernte, es ist Handarbeit angesagt. Jetzt darf es nicht regnen, sonst wird die Salzblume, das Fleur de Sel, zerstört. Mit einem Holzschieber wird das Fleur de Sel vorsichtig von Hand ans Ufer gezogen und unter Planen bis zur Verpackung geschützt.

Fleur de Sel – wozu
Gegenüber dem «normalen» groben oder feinen Salz, hat Fleur de Sel durch seine Struktur nicht nur einen einzigartigen, zarten und leicht knusprigen Geschmack, sondern auch ein milderes Aroma.

Wie bei allem, ist auch hier der Geschmack und die Zartheit des Salzes ausschlaggebend.

Spezialitäten

Die Bodenbeschaffenheit und Wetterbedingungen bei diesem Naturprodukt bestimmen zwischen den einzelnen Regionen den leichten Geschmacksunterschied Kenner stellen auch fest, dass das Fleur de Sel von der Atlantikküste weniger salzig und aromatischer ist, als das Fleur de Sel aus den großen Salinen des Mittelmeeres.

Fleur de Sel wird nicht zum Kochen verwendet, das wäre reine Verschwendung, die man auch nicht schmecken würde.

Auch in Salzmühlen hat Fleur de Sel nichts zu suchen; die zarten, schneeflockenartigen Kristalle würde man zerstören und das Mühlwerk durch die Restfeuchte des Salzes blockieren.

Fleur de Sel wird eingesetzt für das Frühstücksei, Salate und auf Fisch und Fleisch nach der Zubereitung, damit die Salzstruktur erhalten bleibt.

La Bonnotte

Eine einzigartige Kartoffel

Die Bonnotte, wächst auf der Insel «Île de Noirmoutier» im Atlantik (bei Nantes) und die kleine Knolle, gibt es ab Ende April / Anfang Mai für maximal 3 Wochen. Dem Mythos zufolge wurde in einem Pariser Auktionshaus 1 kg für 900 Euro verkauft - ein gelungener Werbefeldzug. Trotzdem kostet 1 kg, der bei Feinschmeckern und Sterne-Restaurants beliebten Knolle, auf der Insel ca. 8 €.

Wer sie einmal gegessen hat, weiß dass man außer dieser Kartoffel nichts anderes braucht; selbst Desserts werden davon zubereitet. Einen eigenen, feinen süßlich und cremigen Geschmack zeichnet diese kleine Knolle aus, die als Königin der französischen Kartoffeln gilt. Oft kopiert doch nie erreicht, auch beim Anbau der gleichen Sorte. Ausschlaggebend sind der Boden und die Düngung mit Algen, die nur vor der Küste von Noirmoutier vorkommen.

Jedes Jahr, meist Anfang Mai, wird die Ernte mit einem großen Fest begonnen. Zwischen 9 und 12 Uhr werden die Bonnotte-Bauern auf dem Hof der Genossenschaft empfangen, nachmittags startet dann ein Volksradfahren rund um das Marais und die Kartoffelfelder bevor der Höhepunkt des Festes gegen 19 Uhr beginnt. Dann gibt es die Bonnotte mit gegrillten Sardinen, ein wahrer Schmaus, begleitet mit einem Rahmenprogramm und . Ein Fest, zu dem fast 3.000 Gäste strömen und die Insel von unzähligen Touristen belagert wird.

Die Kartoffeln, mit geringem Ertrag und kurzer Haltbarkeit, werden nur auf der Insel und im weiteren Umkreis verkauft, aber sie finden über Großmärkte auch den Weg zu den Sterne-Köchen. Während dieser Zeit wird die Verkaufsstelle der Genossenschaft auch von vielen Gastronomen aus ganz Europa besucht. Vier Wochen später ist der Spuk vorbei und Gourmets warten auf das nächste Jahr.

Wer seinen Urlaub im Mai in dieser Region verbringt, sollte sich, trotz des für unsere Verhältnisse hohen Preises, dem Kauf und Genuss nicht verwehren.

Croque Monsieur und Croque Madame

Das berühmte französische Sandwich

Der Croque Monsieur gehört zum schnellen Imbiss in Frankreich und ist in Bars, im Café und an Imbissständen fast überall auf der Karte.

Den Überlieferungen zufolge stand er erstmals in einem Pariser Café um 1910 auf der Speisekarte. Zwischenzeitlich gibt es mehrere Rezeptvariationen und neue Eigenkreationen, aber überwiegend findet man weiterhin den bei Kennern und Genießern bevorzugten klassischen «Croque Monsieur». Ein Sandwich, bei dem gekochter Schinken zwischen zwei getoastete Scheiben Brioche (oder Sandwichbrot) gelegt wird, die zuvor mit einer Käsemasse aus Comté (oder Emmentaler) und Crème frâiche bestrichenen wurden. Das Ganze wird außen nochmals mit der delikaten Käsemasse bestrichen und überbacken. Einfach köstlich.

Und die «Croque Madame»? Sie ist ein mit einem Spiegelei belegter «Croque Monsieur».

Kouign amann

bretonisch: Kouigin (Kuchen) + amann (Butter) = Butterkuchen

Wenn Sie der Duft von Butter und Karamell in einer bretonischen Bäckerei empfängt, dann ist es mit Sicherheit die Kalorienbombe, der frische Kouign amann, ein karamellbrauner Butterkuchen, den man nach Möglichkeit auch warm genießen sollte.

Über seine Entstehung gibt es mehrere Legenden. Am meisten hat sich verbreitet, dass ein Bäcker einen misslungenen Brotteig retten wollte, indem er viel Butter und Zucker zugab. Mehl war zu dieser Zeit knapp, aber Butter gab es fast im Überfluss. So besteht der Kuchen also hauptsächlich aus 1/3 Mehl, 1/3 Butter und 1/3 Zucker und wird ähnlich wie Blätterteig hergestellt.

Bekannt für einen der besten Kouign amann ist eine kleine traditionelle Bäckerei in dem historischen Städtchen Locronan bei Douarnenez. Sollten sie diesen sehenswerten Ort einmal besuchen, wird Ihnen die Bäckerei am Marktplatz nicht entgehen.

Zwischenzeitlich sind auch Fertigkuchen landesweit in den Supermärkten zu finden.

Baguette und Croissants

Ohne dieses Duo ist Frankreich nicht denkbar.

Das Baguette (übersetzt «lange Stange»)

ist und bleibt das knusprige Denkmal der Franzosen, dessen Preis bis 1986 staatlich geregelt war - und keiner kann es besser backen. Obwohl es «nur» aus Hefe, Weizenmehl, Wasser und Salz besteht, ist es eine Kunst, daraus ein knuspriges, 250 g leichtes Baguette zu zaubern. Eine Jury vergibt jährlich den Preis «Prix de la meilleure Baguette de Paris» an den besten Baguette-Bäcker, der dann für ein Jahr das Baguette in den Elyseepalast liefern darf.

Das Baguette geht ca. 10 Milliarden Male über den Ladentisch. Über 50 % sind keine Industrieware, sie werden noch von Bäckern hergestellt; sie sind am Geschmack und mit bloßem Auge erkennbar. Urlauber sind oft überrascht, wenn statt «Baguette» der Name «Traditionell» oder «Flûte» oder «Ficelle» verwendet wird. Die Baguettes unterscheiden sich in Länge, Gewicht und Durchmesser. Zwischenzeitlich gibt es Abwandlungen mit Vollkornmehl und Cerealien. Egal welches - Hauptsache frisch! Niemals kauft man ein Baguette, das vor Stunden gebacken wurde.

Das Croissant

Ohne ist ein französisches Frühstück nicht vorstellbar.

Marie Antoinette aus Österreich wurde 1770 nach Frankreich verheiratet. Sie wollte auf ihre geliebten Kipferl nicht verzichten und so wurden sie von ihren Leibbäckern gebacken. Aber den Namen Kipferl, konnte man nicht aussprechen. So entstand der Form wegen, der Name Croissant (aufgehender Mond) und das Croissant verbreitete sich über das ganze Land.

Auch wenn das Kipferl und Croissant sich optisch sehr ähnlich sind, so gibt es gravierende Unterschiede. Das Kipferl besteht aus Hefeteig, das Croissant aus einem Plunderteig, der wie Blätterteig 27x gefaltet und ausgerollt wird, dazu so viel Butter, damit das Croissant beim Verzehr nicht nochmals mit Butter bestrichen werden muss.

Übrigens: Mit dunkler Schokolade gefüllt nennt man die bekannten Schokocroissants. Im Südwesten «Chocolatine» und im Rest des Landes «Pain au chocolat» (Brot mit Schokolade)

[14] Wussten Sie, dass...

Kurioses und Fettnäpfchen
(Quellennachweise am Ende)

Pünktlichkeit

ist eine deutsche Tugend. In Frankreich jedoch ist es unhöflich, zu einer Einladung pünktlich zu kommen. Wenn Sie z. B. für 20 Uhr bei Freunden zum Essen eingeladen sind, kommen Sie bitte prinzipiell 15-20 Minuten später, das wird vom Gastgeber erwartet. Aber: Haben Sie einen Termin beim Notar, Anwalt oder einer sonstigen «Respektsperson» sollten Sie unbedingt pünktlich sein. Der Ranghöhere, also z. B. der Notar, darf sich dagegen unentschuldigt verspäten.

Bestellen sie nie ein Baiser!

Sie haben Lust auf ein Baiser, dann sollten Sie beim Kauf in Frankreich nie den Begriff BAISER verwenden. In Frankreich heißt es Meringue!
Falls Ihnen doch das Wort Baiser aus dem Mund rutscht, dürfen Sie sich nicht über böse Blicke oder Beschimpfungen wundern. In Frankreich bedeutet Baiser: Küssen (Sie wollen sie / ihn also küssen) und schlimmer, in der Umgangssprache wird es für das vulgäre F-Wort verwendet (Sie wollen sie / ihn...).
Also - machen Sie Ihrem Gegenüber besser kein unmoralisches Angebot.

Je suis chocolat

Auf Deutsch: Ich bin Schokolade; bedeutet in Frankreich aber: «Ich bin angeschmiert».

Das weichgekochte Ei

Bei uns wird das Frühstücksei nach dem Köpfen ausgelöffelt. Der Franzose benutzt keinen Löffel, sondern tunkt einen Streifen Weißbrot in das Ei; das Weißbrot ist sein Löffel.

Ein halbes Bier

Beim Bier ist «une demi» (ein halbes) keineswegs ein halber Liter. Es handelt sich um einen viertel Liter.

Merci Beaucoup

Aufgepasst: Eine falsche Aussprache kann zu Peinlichkeiten führen. Jeder kennt «Merci beaucoup», also «Vielen Dank». Wenn aber bei der Aussprache «Merci beau cul» daraus wird, wundern Sie sich nicht über den Gesichtsausdruck Ihres Gegenübers; Ihnen als Tourist wird man wohl die Aussprache verzeihen, denn sie sagen dann: «Danke, schöner Arsch».

Feuerwerk

Silvester in Frankreich und kein Feuerwerk? Privatpersonen dürfen kein Feuerwerk entzünden, und der Besitz oder die Einfuhr von Deutschland nach Frankreich von Raketen und Böllern der Klasse 2 (ab 18 Jahre) ist verboten. Ein Feuerwerk wird nur von den örtlichen Behörden zu bestimmten Anlässen veranstaltet. Wundern Sie sich also nicht, wenn der Himmel an Silvester dunkel bleibt.

Pariser Politessen

werden «Les aubergines» genannt. In den Siebzigerjahren bekamen die Politessen neue Uniformen, die an eine Aubergine erinnerten - und der Spitzname für die Damen war geboren. Alle Versuche von neuen Uniformen blieben erfolglos. Die Pariser blieben bei dem Ausdruck «Aubergine».

Blumen

werden nicht in Papier gehüllt, sondern kunstvoll in Folie verpackt - und so sollen sie auch übergeben werden. Also nicht auspacken vor der Übergabe.

Austern, Frösche, Schnecken

Fast 150.000 Tonnen Austern werden pro Jahr in Frankreich produziert, davon landen jedoch ca. 90 % ausschließlich in französischen Mägen. Auch Frösche und Froschschenkel sind beliebt, fast 150 Mio. Tonnen pro Jahr werden konsumiert und von ca. 500 Mio. Schnecken pro Jahr übertroffen. Sie wollen wissen warum, dann sollten Sie sie einfach mal probieren.

2x Neujahr

Neujahr am 1. Januar ist bekannt, aber in Frankreich gibt es nach Ende der Sommerferien das sogenannte «rentrée» (Rückkehr). Nach fast 2 Monaten Ruhe beginnt ein Neues Jahr.

Rote Ampel

gilt nur für Autofahrer und andere Verkehrsteilnehmer. Und die sollte man als Fahrer auch beachten, um keinen Fußgänger als neue Kühlerfigur zu haben oder ein teures Bußgeld zu bezahlen. Obwohl es zwischenzeitlich geahndet wird, gehen Fußgänger, selbst Polizisten oder Mütter mit Kindern, nachdem man einmal nach rechts und links geblickt hat und sich kein Fahrzeug nähert, bei Rot über die Ampel; es war in der Vergangenheit erlaubt und ist immer noch Usus.

Erschrecken Sie nicht in Paris, dort ertönt beim Überschreiten der Fahrbahn bei roter Fußgänger-Ampel durch einen Lautsprecher das Geräusch quietschender Autobremsen. Dadurch soll der Fußgänger auf seinen Fehler aufmerksam gemacht werden.

Kuchen & Teilchen

auf den Pappteller und Papier drum gewickelt - fertig - so kennen wir es. In Frankreich wird selbst das kleinste Tartelette schmuckvoll in einen schön bedruckten Karton verpackt. Teilweise zu schön, um wegzuwerfen, denn das Auge ist schließlich mit.

Pipi machen

«Ich muss mal Pipi machen» sagt man bei uns, aber «Ich habe Lust Pipi zu machen» in Frankreich. Bei uns ist es ein Befehl («Ich muss»), in Frankreich ist es eine genussvolle Erleichterung.

In der Sauna

sitzt man in Frankreich nicht nackt, es wird ein Badeanzug bzw. eine Badehose getragen; der Anstand verbietet es. Am Strand dürfen Sie aber, falls nicht verboten «Oben ohne» liegen oder an den zahlreichen FKK-Stränden die Hüllen fallen lassen.

Quellen-Nachweis

Neben unseren eigenen Erfahrungen und Wissen wurden unter anderem zur Recherche Inhalte von folgenden Medien hinzugezogen:
TV Sendungen von ARTE
Buch: «Überleben unter Franzosen» von Stephen Clarke
       Piper Verlag ISBN 978-3-492-25399
Buch: «111 Gründe Frankreich zu lieben» von Daniela Kahls
       Verlag Schwarzkopf & Schwarzkopf ISBN 978-3-8626556-01
Buch: «Fettnäpfchenführer Frankreich» von Bettina Bouju
       Conbook-Verlag ISBN 978-3-934918-74-0

[15] Ratschläge & Tipps

Wenn Sie unsere Ratschläge aus diesem Buch befolgen, sich an die gesetzlichen Regeln halten und sich wie ein Gast benehmen, werden Sie nur freundlichen und zuvorkommenden Franzosen begegnen, selbst wenn Ihr Französisch bereits nach «Bonjour», «Au revoir» und «Merci» erschöpft ist.

Hier noch einmal die wichtigsten Tipps:

- Nie auf einem Rastplatz übernachten.
- Wer nicht unbedingt aus Zeitgründen schnellstens am Ziel ankommen will, dem empfehlen wir die Nutzung der Nationalstraßen. Je nach Strecke und Fahrzeug kann so für die Hin- & Rückfahrt ein dreistelliger Betrag eingespart werden. Dazu sieht man mehr von der wunderbaren Landschaft und je nach Strecke dauert die Fahrt zum Beispiel mit einem Wohnmobil zeitlich nicht wesentlich länger.
- In der Hochsaison sollte man bis spätestens 16 Uhr einen Stellplatz gefunden haben. Später kann die Stellplatzsuche wegen «komplett belegt» (complet) zu Frust führen.
- Einen Stellplatz niemals am Freitag verlassen oder am Samstag anfahren, da die Franzosen am Freitag ihren Wochenend-Urlaub beginnen und erst am Sonntagnachmittag wieder abreisen.
- Statt teurer Wohnmobilstellplätze die alternativen Plätze besuchen.
- Bei Campingplätzen in der Vor- und Nachsaison die ACSI-Card (Rabattkarte) benutzen.
- Zum Kochen und/oder Zähneputzen am besten Wasser aus der Flasche (ca. 11 Cent/lt. im Supermarkt) benutzen.
- Vergessen Sie einmal im Urlaub Ihren bekannten Discounter, besuchen Sie die Wochenmärkte, Markthallen und die großen Supermärkte. Sie werden viel Neues kennenlernen und über Frische und Auswahl erstaunt sein.
- Haben Sie Mut und gehen Sie in einem Lokal essen, welches überwiegend von vielen Einheimischen besucht wird. Sie werden nicht nur kulinarisch überrascht, auch Ihre Urlaubskasse wird es Ihnen danken.

[15] Ratschläge & Tipps

- Begrüßen Sie immer, wenn Sie ein Geschäft betreten, die Person mit «Bonjour Madame» oder «Bonjour Monsieur»
- Achten Sie auf die beschriebenen Fettnäpfchen.
- Halten Sie die Gezeiten im Auge - das Meer ist schneller als Sie.
- Bleiben Sie nicht nur an Ihrem Urlaubsort. Erkunden Sie das Umland zu Fuß, mit dem Rad oder Fahrzeug. Im Hinterland laden viele historische Dörfer und Landschaften zum Sightseeing ein.

Was bringen Frankreich-Touristen aus dem Urlaub mit nach Hause?
Im Regelfall hat jeder bei der Rückreise mehr im Fahrzeug, als bei der Hinreise. Wer schon häufiger in Frankreich war, viele neue Produkte kennengelernt und entdeckt hat, was es bei uns nicht oder nur teuer zu kaufen gibt, kennt das Gewichts- und Platzproblem und hat die Qual der Wahl. Neben den üblichen Souvenirs, Stoffen und Keramik oder Lavendelprodukten sind es hauptsächlich Lebensmittel, die den Stauraum der Frankophilen füllen. Beliebt sind immer:
Wein (direkt vom Winzer, aber auch aus dem Supermarkt),
Fleur de Sel und Meersalz, meist direkt vom Saunier (Salzbauern),
Olivenöl (meist direkt vom Erzeuger).
Aber auch Confit de Canard, Rillettes, Piment d'Espelette, Gebäck, Karamell-Bonbons, Nougat, Flageolets Bohnen, Andouille (wer sie mag), Konfitüren, Fischsuppe im Glas mit der dazugehörigen Rouille, Breizh Cola (aus der Bretagne), Fischkonserven wie z. B. Sardinen, Dijon-Senf (um über 50% billiger) sowie viele andere regionale und haltbare Spezialitäten.

Zu guter Letzt
Die französische Nationalversammlung hat einem Gesetz zugestimmt, das die Eindrücke des Landlebens unter besonderen Schutz stellt. Der Mist darf jetzt stinken, der Hahn weiterhin krähen, Frösche quaken, die Kühe wieder muhen und mit ihren Glocken, wie die Kirchen, läuten. Vorbei sind die Zeiten, wenn Leute aus der Stadt aufs Land ziehen und gegen den ländlichen Lärm und Gestank geklagt haben. Auch Beschwerden von Touristen gegen die «ländliche Idylle» sind jetzt zwecklos, sie sollten besser das Landleben genießen.
Ein Wermutstropfen bleibt jedoch: Jedes Département darf entscheiden, welche Gebiete "ländlich" sind und welche Geräusch- und als Geruchsemissionen schützenswert einzustufen sind.

Register

A

AirePark 92
AireServices 83
Alpen 41
Ampe 158
Andouille 146
Andouillette 146
ANGLES MORTS 73
Apotheke 22
Aquarien 122
Ärztliche Versorgung 22
Assiette de la mer 136
Atlantik 46
Austern 139
Ausweis-Pflicht 18
Autogas 62
Auvergne-Rhône-Alpes 33

B

Badestrände 51
Baiser 156
Bier 11, 156
Bip&Go 65
Boule 118
Bourgogne-Franche-Comté 35
Bretagne 29
Burgen 121
Bußgelder 76

C

Campen im privaten Garten .. 106
Camping-Car Park 92
Camping-Car-Park 100
Campingplatz 103
Campingverhalten 91
Caravan 74
Centre-Val de Loire 33
Confit 149
CORSE 36
Crit'Air 67
Croque Monsieur 154

D

Departements 37
Discounter 125
Dörfer 120
Dörfer, schönste 120

E

Ebbe & Flut 51
Eclade de moules 143
Einkaufen 123, 124
Einwegpfand 124
Emporter, A 134
Entsorgungsstationen 81
Erkrankung 22
Essen am Steuer 78
Europäischer Unfallbericht 18
Euro-Relais 83

F

Falschparken 77
Fastfood 134
Feiertage 25
Ferme 93, 106, 134
Feuerwerk 157
Fleur de Sel 151

Register

Flot Bleu 83
Flux libre 66
FOIRE AUX VINS *127*
Free mobile........................... 24
Freies Stehen *89*
Freizeitpark.......................... 122
Führerschein *18*
Fußfischen *116*
Futuroscope *122*

G

Galette *144*
Gallische Hahn *9*
Gamping 106
Garçon 131
Gas....................................... *85*
Gesundheitskarte *22*
Gezeiten................................ *51*
Gezeitenfischen 116
Golf *119*
GRAND EST *35*

H

Handy am Steuer 78
Helmpflicht 108
Homecamper 106
Huîtres
    Austern............................ 139
Hunde *19*

I

Île de Ré................................ 109
Île d'Oléron 109
Île-de-France.......................... *35*
Internet.................................. *24*

K

Kirchen 120
Klöster 120
Konsulat *21*
Korsika ....Siehe Corse
Kouign amann...................... 154
Kraftstoffsorten..................... *62*
Kreisverkehr..................... *61, 80*

L

Les Plus Beaux Villages de France
.... *120*
Lokale, Bezeichnung 134

M

MAUT..................................... *63*
Meer *51*
Meeresfrüchteplatte............. *136*
Menu *133*
Meringue *156*
Mitführpflicht im Auto............. 18
Mittelmeer............................. 46
Municipal........................ *93, 105*

N

Nationalsymbole...................... *9*
Noirmoutier *31, 109*
Nordfrankreich 29
Normandie............................ *29*
Notfall................................... *21*
Nouvelle-Aquitaine................ *31*

O

Occitanie................................ *31*
Okzitanien.............................. *31*

162

P

Panne 69
Pannenleuchte 18
Park 60
Parken 60
Parks 122
Pays de la Loire 31
Pêche à pied 116
Pétanque 118
Piment 145
Plat de fruit de mer 136
Polizei 21
Provence 33
Provence-Alpes-Côtes d'Azur .. 33
Pünktlichkeit 156
Puy-du-Fou 122
Pyrenäen 42

R

Radfahren 108
Rauchen 23, 78
Regionen 27
REGLO mobile 24
Reisezeit 14
Reiten 119
Restaurant 130, 131, 134
Rillettes 150
Rippströmung 52

S

Sardine 148
Sauna 158
Schlösser 31, 33, 120, 121
Schulferien 25
Spezialitäten 135
Stellplatz 93
Stellplatz-Apps 101
Stellplatzführer 101

Stop Accueil 92
Strom 84
Supermärkte 125, 127
Surfen 113

T

Tanken 61
Telefon 24
Telefonieren am Steuer 78
Télépéage (Maut) 65
Tempolimit 57, 58
Themenpark 122
Tote Winkel" Aufkleber 73
Trikolore 9
Trinkgeld 133

U

Umwelt-Plakette 67
Unfall 70

V

Veloroutes 108
Verkehr 55
Ville Fleurie 120
VOIE RESERVEE 56
Voies Vertes 108
Vorurteile 10

W

Wandern 111
Warnweste 18
Wasser 82, 84
Wein 11, 118, 127, 128
Wein-Etikett 128
Weinkapseln 129
Wetter 26

Register

Wetter-Vokablen 26
Wichtige Rufnummern *21*
Winter-Camping 45
Wintersport 44
Wlan (WiFi)........................... 24
Wochenmärkte *126*
Wohnmobile über 3,5 t........... 71

Z

Zahlungsmittel *25*
Zentralruf der Autoversicherer*21*
Zoo............................... *120, 121*

Weitere Informationen und Literatur-Empfehlungen

Stöbern Sie auf unserer Webseite www.Frankreich-Mobil-Erleben.de oder auf www.de.france.fr/de (Französische Zentrale für Tourismus).

Als informative Lektüre erscheinen jeweils quartalsweise im Zeitschriftenhandel die Magazine «Frankreich erleben» und «Frankreich Magazin».

Außerdem haben alle großen Verlage zahlreiche allgemeine Reise- und Wohnmobilführer für Frankreich in ihrem Programm.

À bientôt

Bildnachweis:
Alle Fotos von Frankreich-Mobil-Erleben (© Claus Schöttle), ausgenommen die Fotos auf den Seiten:
6, 17, 28 Mitte, 30 Unten, 32 Oben u. Mitte, 34 Oben u. Mitte, 36, 55 und 74 (alle von Pixabay)

Titelfoto: Plage de la Varde (Saint-Malo) © Claus Schöttle

Alle Informationen beruhen auf eigenen Erfahrungen, Kontakten zu französischen Bürgern, Recherchen und den offiziellen Informationen von GIE Atout France (Französische Zentrale für Tourismus) www.de.france.fr, den staatlichen und offiziellen Seiten Frankreichs www.gouv.fr und den regionalen «Office de tourisme».